C.H.BECK WISSEN

in der Beck'schen Reihe

Friedrich Hölderlin ist einer der wichtigsten und international wirkungsreichsten deutschen Lyriker. Sein Roman *Hyperion oder der Eremit in Griechenland,* seine fragmentarische Tragödie *Der Tod des Empedokles* sowie seine Übersetzungen von Werken Pindars und zweier *Trauerspiele des Sophokles* sind zentrale Texte der Literatur um 1800. Hölderlin selbst aber zerbrach an der fehlenden Anerkennung seiner Werke bei den Zeitgenossen und an dem tragischen Ende seiner Liebe zu Susette Gontard, die er Diotima nannte. Erst als er schon zurückgezogen im Tübinger Turm lebte, rühmten ihn die Romantiker als größten Dichter ihrer Zeit. Dieter Burdorf stellt in diesem Buch anschaulich und konzise Leben und Werk Hölderlins dar und erläutert, worin das Besondere dieses Dichters liegt.

Dieter Burdorf, geboren 1960, lehrte an den Universitäten Hamburg, Jena, Flensburg und Hildesheim. Seit 2006 ist er Professor für Neuere deutsche Literatur und Literaturtheorie an der Universität Leipzig. Er hat Bücher zu *Hölderlins späten Gedichtfragmenten* und zur *Poetik der Form* sowie eine *Einführung in die Gedichtanalyse* vorgelegt.

Dieter Burdorf

FRIEDRICH HÖLDERLIN

Verlag C.H.Beck

Mit 13 Abbildungen

Originalausgabe
© Verlag C.H.Beck oHG, München 2011
Satz: Fotosatz Amann, Aichstetten
Druck und Bindung: Druckerei C.H.Beck, Nördlingen
Umschlagabbildung: Friedrich Hölderlin, 1792,
Pastellbild von Franz Karl Hiemer. Marbach,
Deutsches Literaturarchiv, © bpk
Umschlaggestaltung: Uwe Göbel, München
Printed in Germany
ISBN 978 3 406 61279 4

www.beck.de

Inhalt

	Einleitung	6
I.	Hölderlin-Bilder	7
II.	Hölderlins Lebensstationen und Erfahrungsräume	14
III.	Hölderlins Briefe	29
IV.	Hölderlins Sprache	39
V.	Hölderlins Götter und Mythen	46
VI.	Hölderlins Philosophie und Poetik	57
VII.	Hölderlins Weltteile, Landschaften und Städte	63
VIII.	‹Gestalten der Zukunft und des Altertums›: *Hyperion oder der Eremit in Griechenland*	71
IX.	Formen des Tragischen	81
	1. Der Tod des Empedokles	81
	2. Die Trauerspiele des Sophokles	91
X.	Formen des Lyrischen	94
	1. Konstellationen der Lyrik im 18. Jahrhundert: frühe Gedichte	96
	2. ‹Höchstes Feuer› und ‹stille Besonnenheit›: Oden	98
	3. Liebesklage und geschichtsphilosophisches Tableau: Elegien	107
	4. Gesang und Fragment: Pindar-Übersetzungen und Hymnen in freien Rhythmen	116
	5. Poesie der Einsamkeit, Rückzug in fremde Namen und Zeiten: späteste Gedichte	126
XI.	Vergessen und Entdecken: Rezeptions- und Editionsgeschichte	129
XII.	In welchen Ausgaben können wir Hölderlin lesen?	132
	Literaturverzeichnis	135
	Bildnachweis	141
	Personenregister	142

Einleitung

Friedrich Hölderlin (1770–1843) gilt als einer der wichtigsten, aber auch schwierigsten deutschen Dichter. Was fasziniert uns heute noch an seinem tragischen Leben und an seinen Texten? Wie finden wir Zugänge zu seinem Werk?

Hölderlin ist weltweit bekannt als – neben Johann Wolfgang Goethe – bedeutendster deutschsprachiger Lyriker der Zeit um 1800, aber auch weit darüber hinaus. Sein Roman *Hyperion oder der Eremit in Griechenland*, seine fragmentarische Tragödie *Der Tod des Empedokles* sowie seine Übersetzungen der *Trauerspiele des Sophokles* nehmen auf ihrem jeweiligen Gebiet eine Schlüsselstellung innerhalb der Literatur um 1800 ein. Hölderlins theoretische und poetologische Entwürfe haben die Entwicklung der Philosophie des deutschen Idealismus entscheidend beeinflusst. Beeindruckt hat die Zeitgenossen wie die Nachgeborenen auch die Person des Autors, in der höchster künstlerischer Anspruch, Leiden an der Gesellschaft, tragisches Liebeserleben und jahrzehntelange psychische Krankheit vereint sind. In Hölderlins Briefen kommt die Zerrissenheit dieses Autors sprachgewaltig zum Ausdruck.

In diesem Buch wird das in den vergangenen Jahrzehnten erarbeitete Wissen zu Hölderlin in komprimierter Form präsentiert. Eine Leitfrage ist dabei, worin genau das Besondere dieses Autors liegt, der keiner der vorherrschenden literarischen Richtungen seiner Zeit wie der Weimarer Klassik oder der Romantik zugeordnet werden kann. Dargestellt wird der gesellschaftliche, kulturelle und bildungsgeschichtliche Hintergrund, vor dem sich Hölderlins Lebenswerk im späten 18. Jahrhundert entwickelt hat. Es folgen Einführungen in die wichtigsten Bereiche der Gedanken- und Bilderwelt von Hölderlins Texten: Was ist so schwierig und was so reizvoll an seiner Sprache? Welche Rolle spielen bei ihm die antiken Götter, der christliche Gott und die Schaffung neuer Mythen für die Gegenwart? Was ist wichtig und neu in seinen Texten zur Philosophie und Poetik? Wie gliedert sich Hölderlins Bild der Welt auf? Welche Rolle spielen dabei Griechenland, der Orient und das zeitgenössische Europa? Welche kulturgeschichtliche Funktion misst der Dichter Ländern, Meeren, Gebirgen, Flüssen und Städten zu? Zu welchem Zweck benutzt Hölderlin für seine Gedichte komplizierte, an der griechischen Antike orientierte Versmaße und Strophenformen? Wie kann man Hölderlins späte Gedichtfragmente und wie seine spätesten Gedichte aus der Zeit im Tübinger Turm lesen?

Zitiert werden Hölderlins Texte mit dem Kürzel *MA* (*Münchner Ausgabe*) sowie Band-, Seiten-, gegebenenfalls auch Versangabe nach der von Michael Knaupp besorgten Ausgabe der *Sämtlichen Werke und Briefe*; griechische Buchstaben werden transkribiert. Zusätze in eckigen Klammern stammen von mir, alle Hervorhebungen dagegen aus dem Original. Ergänzend werden die *Große Stuttgarter Ausgabe* (*StA*), die *Frankfurter Hölderlin Ausgabe* (*FHA*) und die von Jochen Schmidt verantwortete Ausgabe im *Deutschen Klassiker Verlag* (*DKV*) herangezogen.

I. Hölderlin-Bilder

Welches Bild machen wir uns von dem schwäbischen Dichter Friedrich Hölderlin, der vor fast zweieinhalb Jahrhunderten, am 20. März 1770, geboren wurde und im Alter von 73 Jahren am 7. Juni 1843 starb? Hölderlin lebte nicht lange genug, als dass uns sein authentisches Bildnis als Daguerreotypie, also in der frühesten, sich ab 1840 verbreitenden Form der Fotografie, überliefert worden wäre – während uns aus dem Jahr 1848 etwa Porträt-Daguerreotypien von Friedrich Wilhelm Joseph Schelling oder von Edgar Allan Poe erhalten sind. Von Menschen, die vor dem fotografischen Zeitalter lebten, haben wir entweder überhaupt keine Bildnisse oder häufig nur wenige künstlerische Dokumente. Je nach dem gesellschaftlichen Rang

1 Friedrich Hölderlin, 1786. Getönte Bleistiftzeichnung, Stuttgart, Württembergische Landesbibliothek

des Abgebildeten sind es einfache Grafiken, meist Zeichnungen, oder auch mit erheblichem Zeitaufwand entstandene, kostspielige Ölgemälde oder sogar Porträtbüsten. Eine Ikone des Dichterporträts der Zeit um 1800 ist Johann Heinrich Wilhelm Tischbeins monumentales Gemälde *Goethe in der Campagna* von 1787.

Repräsentative Bildnisse dieser Art haben wir von Hölderlin nicht. Dennoch wollen wir als Menschen eines visuell orientierten Zeitalters uns auch von Personen aus früheren Zeiten gern ein Bild machen, und zwar nicht nur ein geistiges. Wir besitzen aber von Friedrich Hölderlin nur elf vermutlich authentische Porträts: fünf Zeichnungen, vier Schattenrisse, ein Pastellbildnis und ein Wachsrelief. Drei der Zeichnungen zeigen Hölderlin im Profil als alten, psychisch kranken Mann im Tübinger Turm: Johann Georg Schreiner und Rudolf Lohbauer zeichnen den 53-Jährigen bei einem Besuch am 27. Juli 1823, der durch den damals am Tübinger Stift studierenden Eduard Mörike (1804–1875) vermittelt wurde, in Blei als traurigen, verhärmten Mann mit gesenktem Kopf, schütterem Haar und in einfacher bürgerlicher Kleidung (Abb. 3, S. 13). Um 1826 ist Schreiner, wiederum in Begleitung Mörikes, abermals bei Hölderlin und zeichnet ihn in Kohle (Abb. 4, S. 13). Das Bild weist ein hohes Maß physiognomischer Ähnlichkeit mit dem früheren Porträt, aber auch mit dem Abgebildeten selbst auf, wie Mörike Jahrzehnte später bestätigt. Doch der Gestus des kranken Dichters ist ein ganz anderer. Hölderlin trägt eine eng anliegende, korrekt zugeknöpfte kurze Anzugjacke. Sein Oberkörper ist leicht nach vorn gebeugt; der Mittfünfziger schaut streng, mit verbittert wirkenden Gesichtszügen nach vorn, ebenso wie sein Zeigefinger am angewinkelten rechten Arm nach vorn weist. Ausdruck und Haltung erinnern an einen pedantischen, fast bösartig wirkenden Oberlehrer. Das letzte Porträt Hölderlins zu Lebzeiten ist 1842 entstanden. Es handelt sich um eine nur skizzenhaft ausgeführte Bleistiftzeichnung der spätromantischen Künstlerin Louise Keller (Abb. 11, S. 127). Der Greis mit wirrem, ungeschnittenem Haar lässt nun jede Energie vermissen; er starrt nur noch deprimiert und antriebslos mit halb geöffnetem Mund vor sich hin. Noch erschreckender wirkt das einzige zu Lebzeiten des Dichters angefertigte dreidimensionale Porträt, das wir besitzen, ein Wachsrelief von Wilhelm Paul Neubert, das vermutlich um 1840 entstanden ist (Abb. 12, S. 127). Wir sehen hier im Profil einen mageren, faltigen, offenbar fast zahnlosen Alten mit geschlossenen Augen. Die Frisur ist kurz und wellig, fast römisch stilisiert. Hölderlin wirkt wie ein pensionierter Beamter; eine Ähnlichkeit mit den übrigen Porträts ist kaum festzustellen.

Alle diese Altersbildnisse haben wenig zu tun mit dem Bild, das wir uns heute von Hölderlin machen. Zwar war die 1847 erschienene dritte Auflage der *Gedichte* Hölderlins mit einer Lithographie nach Louise Kellers Zeichnung illustriert. Heute aber wählt kaum ein Buch über Hölderlin eines dieser Porträts zur Titelillustration.

Das früheste Porträt Hölderlins, aus dem Jahr 1786, ist ebenfalls eine Bleistiftzeichnung, diesmal leicht getönt (Abb. 1). Das vielleicht von einem Mitschüler stammende Bild zeigt den Schüler der Höheren Klosterschule in Maulbronn im Profil. Die Kleidung ist adrett; die Haare sind, wie Hölderlin in der zweiten Aprilhälfte des Jahres 1787 an seine Mutter schreibt, «in der schönsten Ordnung»: «Ich hab jezt auch wieder Rollen.» (MA 2, 405) Gemeint sind die Locken, in welche die halblangen

I. Hölderlin-Bilder

2 «Hoelderlin in seinem 18ten Jahre», 1788. Bleistiftzeichnung von Immanuel Gottlieb Nast, Marbach, Deutsches Literaturarchiv

Haare auslaufen. Der schöne Jugendliche mit leichter Stupsnase starrt etwas entgeistert vor sich hin. Sein Profil entfaltet vor dem Hintergrundschatten erst seine besondere Wirkung. Die Büste ist durch eine Art Kranz nach unten hin begrenzt. Dieser Jugendliche, so sagen wir uns mit dem Wissen um seine weitere Entwicklung, hat das Zeug zum Dichter.

Aus dem Jahr 1788, in dem Hölderlin sein Studium am Tübinger Stift aufnahm, haben wir zwei Bildnisse. Das erste ist eine medaillonförmig ausgeführte Bleistiftzeichnung des Jugendfreundes Immanuel Gottlieb Nast (1769–1820) mit der Bezeichnung «Hoelderlin in seinem 18ten Jahre», die den zum Jüngling Herangereiften ebenfalls im Profil zeigt (Abb. 2). Die Gesichtszüge sind sehr ähnlich ausgeführt wie in der zwei Jahre früheren Zeichnung: weit offene Augen, Stupsnase, aber zuversichtlich nach oben weisende Mundwinkel. Die Kleidung ist etwas legerer mit großem, weit offenem Hemdkragen. Die Haare sind nun nicht mehr toupiert, sondern fallen in verschieden langen Locken bis auf die Schultern. Das zweite Porträt aus dem Jahr 1788 ist ein Schattenriss im Profil, der einen Eintrag in das Stammbuch des Stiftsfreundes Christian Friedrich Hiller ergänzt und auf dem die Haare zu einem Nackenknoten gebündelt sind (Abb. 5, S. 17).

Damit wird eine Reihe von drei getuschten Schattenrissen und einem Scherenschnitt eröffnet, die den jungen Erwachsenen zeigen, welcher nun den Weg vom angehenden evangelischen Theologen zum Dichter zurücklegt. Diese Formen des Porträts lassen nur den äußeren Umriss der Büste eines Menschen im Profil erkennen; das Innere des Kopfes ist schwarz. Trotz oder gerade wegen dieser starken Reduzierung war die Darstellungsweise in der zweiten Hälfte des 18. Jahrhunderts in Mode; man war davon überzeugt, dass man aus der einen Umrisslinie, die ja auch quasi-objektiv durch Nachzeichnung des realen Schattens produziert werden konnte, viel herauslesen konnte; Johann Caspar Lavaters (1741–1801) physiognomische Schriften lieferten dafür die Begründung.

Ein anonymer Schattenriss zeigt «Hölderlin als Magister», wie die handschriftliche Bildunterschrift besagt (Abb. 6, S. 17). Der 20-Jährige wirkt schön und durch die leicht erhobene Kopfhaltung entschlossen. Die Kleidung ist ordentlich bis elegant; deutlich erkennbar ist der Rüschenschmuck am Kragen. Die Frisur endet auch hier in einem Nackenknoten. Diesem jungen Akademiker scheint die Welt offenzustehen.

Ein Scherenschnitt von Johann Albrecht Hauff (einem entfernten Großonkel des Porträtierten) zeigt Hölderlin nahe dem Ziel seiner akademischen Ausbildung, wie die rückseitige Beschriftung deutlich macht: «Der Neveu [Neffe] Hoelderle erstmals predigend auf der Kanzel zu Altenburg [am Neckar], wo er den Schulmeister sehr erbaut hat Ao [Anno] 1793» (Abb. 7, S. 31). Die Silhouette ist also vermutlich vor Hölderlins kirchlichem Examen im Dezember 1793 entstanden, in einer Zeit, die der Absolvent in einem Brief an seinen Freund Neuffer von Anfang Oktober 1793 so beschreibt: «Ich predige so viel möglich auf den umliegenden Dörfern, so lang ich noch Zeit habe, zu üben.» (MA 2, 510) Das Porträt wird ergänzt durch zwei nach links gewendete Silhouetten am unteren Bildrand, die offenbar die Zuhörer darstellen. Gegenüber dem getuschten Schattenriss ermöglicht der Scherenschnitt noch schärfere Konturen, tendiert aber zur Vereinfachung, die Hauff hier karikierend nutzt: Während die Gemeindemitglieder als grobe Köpfe mit hässlichen Nasen und wenigen Zähnen erscheinen, wirkt Hölderlins Kontur fein und schlank. Die Frisur ist diesmal ein streng gebundener Zopf. Die Asymmetrie der Predigtsituation ist durch die nach vorn gekippte Position von Hölderlins Silhouette weit über den Zuhörern ebenfalls karikierend überbetont.

Auf einem einzigen der überlieferten Bildnisse ist Hölderlin als gereifter Mann dargestellt, der sich gerade mit seiner ersten Buchpublikation (dem ersten Band des *Hyperion*, 1797) als Dichter zu etablieren versucht (Abb. 8, S. 31). Es handelt sich wiederum um einen anonymen getuschten Schattenriss, der sich in Hölderlins eigenem, heute im Schiller-Nationalmuseum in Marbach aufbewahrtem Handexemplar des *Hyperion* findet. Neben den gegenüber dem Schattenriss von 1790 wenig gewandelten klaren Zügen fallen hier vor allem die veränderten Accessoires auf: Die Haare sind kurz geschnitten und nicht mehr streng nach hinten gekämmt, der Jackenkragen ist hochgeschlagen, die Rüschen sind reduziert. Das alles deutet auf die von der Französischen Revolution geprägte bürgerliche Mode am Ende des 18. Jahrhunderts hin; die Relikte der höfischen Zeit sind weitgehend getilgt.

Warum genügen uns alle diese hier beschriebenen Porträts von Hölderlin nicht, und warum sind wir so dankbar, dass wir ein weiteres besitzen, das auch für den Umschlag dieses Buches als Motiv ausgewählt wurde? Es handelt sich dabei um das Pastell von Franz Karl Hiemer, das Hölderlin seiner Schwester Heinrike zur Hochzeit mit Christoph Breunlin am 9.10.1792 schenkte. Zwar hebt die Adressatin in einem Brief an den Porträtierten vom 9.5.1795 hervor, es handele sich um ein «l:[iebes] Porträt», dem allerdings «viel zur Aehnlichkeit fehlt» (MA 2, 587). Doch tat das der Wirkung des Pastells keinen Abbruch. Wir sehen Hölderlin auf diesem Brustbild nicht in Schwarzweiß, sondern in – wenn auch gedämpften – Farben. Zudem sieht Hölderlin uns aus dem Halbprofil an, während sämtliche anderen Porträts ihn nur im Profil, also zur Seite aus dem Bildnis hinausblickend, wiedergeben. Im Gegensatz zu dem zwei Jahre älteren Schattenriss, der ihn als Magister zeigt, trägt

I. Hölderlin-Bilder

3   Friedrich Hölderlin, 1823. Bleistiftzeichnung von Johann Georg Schreiner und Rudolf Lohbauer, Marbach, Deutsches Literaturarchiv

4   Friedrich Hölderlin, um 1826. Kohlezeichnung von Johann Georg Schreiner, Frankfurt am Main, Goethe-Museum

der 22-Jährige hier die halblangen, offenbar gepuderten Haare offen, aber ebenfalls nach hinten gekämmt. Die zeittypische, längsgestreifte Jacke gewinnt Materialität; der Hemdkragen ist offen, die Rüschen wirken nicht mehr so brav und konventionell wie auf den Schattenrissen. Vor allem aber schaut Hölderlin den Betrachter mit jünglingshaft glatten Zügen, freundlichem Mund und offenen Augen an; wir können ihn uns als einen seinem Gegenüber zugewandten Menschen vorstellen. Dieses Porträt ist es, an das wir unvermeidlich denken, wenn wir uns ein Bild vom Autor Friedrich Hölderlin zu machen versuchen, denn auf unendlich vielen Buchumschlägen begegnet es uns in beinahe ebenso vielen Ausschnitten und Variationen.

Die Wirkung des Hiemer-Porträts zeigt sich bis in seine Dekonstruktion hinein: In einem Prospekt des Verlages Roter Stern, mit dem der 1975 erschienene Einleitungsband der *Frankfurter Hölderlin Ausgabe* beworben wurde, begegnet es in leicht verfremdeter Gestalt auf einer Zeichnung des Herausgebers D. E. Sattler, der ein gelernter Grafiker ist: Den Kopf des

Dichters umschwirren Fliegen, wohl um seine freigeistige Haltung zu demonstrieren. In der Plakatfassung erheben sich wie Säulen angeordnete Bücher links. Rechts oben dagegen verdüstern die Fliegen die Blicke einer Büste des alten Hegel, die auf gefährlich ins Wanken geratenen Bücherstapeln aufgebaut ist (Abb. 13, S. 133). Die Botschaft ist klar: Nicht dem gleichaltrigen Hegel, dem Tübinger Studienfreund Hölderlins und späteren Systemphilosophen, gehört die Zukunft, sondern dem ewig jugendlichen Dichter.

II. Hölderlins Lebensstationen und Erfahrungsräume

Johann Christian Friedrich Hölderlin wird am 20.3.1770 in der Kleinstadt Lauffen am Neckar geboren. Er ist das älteste Kind des als Klosterhofmeister tätigen Juristen Heinrich Friedrich Hölderlin und seiner Gattin Johanna Christiana, Tochter des Pfarrers Johann Andreas Heyn. Die Region seiner Geburt und seiner Kindheitsjahre, das Herzogtum Württemberg sowie der gesamte südwestdeutsche Raum, bleibt für Hölderlin sein Leben lang prägend. Gleiches gilt für die religiöse Grundorientierung, die er durch das Elternhaus erfahren hat: Der Vater ist als Angestellter der württembergischen evangelischen Kirche ebenso wie die Mutter stark am schwäbischen Pietismus ausgerichtet, der durch die Theologen Johann Albrecht Bengel (1687–1752) und Friedrich Christoph Oetinger (1702–1782) herausgebildet wurde. Der Pietismus ist schon im 17. Jahrhundert als eine Erneuerungsbewegung innerhalb des Protestantismus entstanden. Gegenüber der sich in den Glaubenskriegen zunehmend verhärtenden lutherischen Orthodoxie verlangt er eine Rückbesinnung auf religiöse Verinnerlichung einerseits und auf praktische Anwendung des Glaubens andererseits. Einflüsse des radikalen Pietismus mit seiner Tendenz zur rückhaltlosen Selbstprüfung, zur Offenlegung des Innersten, lassen sich in zahlreichen Briefen Hölderlins nachweisen. Bengel und Oetinger fordern darüber hinaus die erneute Konzentration auf den Text der Bibel; sie verbinden einen textkritischen Zugang insbesondere zum Neuen Testament mit einer heilsgeschichtlichen, vor allem an der Offenbarung des Johannes orientierten Perspektive.

Hölderlins Vater stirbt im Alter von nur 36 Jahren am 5.7.1772 an einem Schlaganfall; wenige Wochen später wird die zweite Schwester Hölderlins, Heinrike, geboren. Seitdem ist die im Alter von 24 Jahren verwitwete Mutter das alleinige Zentrum der Familie; sie muss die Kinder zunächst allein ernähren und ist dabei auf die Unterstützung der Kirche angewiesen. Das ändert sich, als sie am 10.10.1774 den gleichaltrigen Landwirt und Weinhändler Johann Heinrich Gok heiratet und mit ihren drei Kindern zu ihm in die ebenfalls am Neckar gelegene Kleinstadt Nürtingen zieht. Sie wird dort bis zu ihrem Tod am 17.2.1828 bleiben. Am 29.10.1776 wird Hölderlins Halbbruder Karl Gok geboren. Karl wird für Hölderlin wie die Schwester Heinrike einer der wichtigsten Korrespondenzpartner werden.

Tragischerweise stirbt am 8.3.1779 auch Hölderlins Stiefvater, an einer Lungenentzündung. Da Hölderlin Gok vorbehaltlos als Vater anerkannt hatte, hat er als knapp Neunjähriger innerhalb von sieben Jahren nicht nur mehrere jüngere Geschwister verloren (eine Erfahrung, die er aufgrund der hohen Kindersterblichkeit mit vielen seiner Altersgenossen teilt), sondern auch zwei Väter, die beide nur wenig über 30 Jahre alt wurden. Diese doppelte Verlusterfahrung ist auch im zeitgenössischen Kontext ungewöhnlich und muss traumatisierend auf das Kind wie auch auf seine beiden überlebenden Geschwister gewirkt haben. Jean Laplanche (1975) hat daraus Hölderlins gesamte Lebensorientierung erklärt und etwa dessen problematisches Verhältnis zu Schiller als scheiternde Suche nach einem Ersatzvater gedeutet. Da die Mutter Hölderlins kein weiteres Mal heiratet und die 1772 ebenfalls verwitwete Großmutter Heyn bis zu ihrem Tod 1802 im Nürtinger Haus wohnt (nach dem Tod Breunlins 1800 zieht auch Heinrike wieder zur Mutter zurück), ist Hölderlins Elternhaus nach dem Tod Goks durch die Frauen mehrerer Generationen geprägt. Nürtingen wird für

Hölderlin in den Jahren seines unsteten Wanderlebens der Ort sein, an den er immer wieder zurückkehrt, der Inbegriff dessen, was er im emphatischen Sinne ‹Heimat› nennt.

Ab 1776 besucht Hölderlin die Nürtinger Lateinschule; gleichzeitig erhält er bis 1783 durch den Theologen Nathanael Köstlin (1744–1826) Privatunterricht, der ihn auf die verschiedenen Landexamina vorbereitet. Das Bestehen dieser landesweiten Prüfungen, das Hölderlin in den Jahren 1780–1783 gelingt, ist Voraussetzung für die Aufnahme in eine der vier niederen Klosterschulen, die am Anfang der Theologenausbildung des Landes Württemberg stehen. Diese Ausbildung wird vom Herzog durch ein Stipendium gefördert. Im Gegenzug müssen sich die Stipendiaten verpflichten, nach Abschluss der Ausbildung als Pfarrer oder Lehrer im Dienst der Landeskirche tätig zu sein.

1784–1786 besucht Hölderlin die niedere Klosterschule in Denkendorf, 1786–1788 die höhere Klosterschule in Maulbronn. Ab 1784 sind auch dichterische Versuche Hölderlins überliefert. 1788 zieht sein Jahrgang in das Tübinger Stift ein. Damit hat er die universitäre Stufe der Ausbildung erreicht. Das Studium findet am Stift selbst statt und wird von kirchlichen Instanzen rigide überwacht. Zudem wohnen die (ausschließlich männlichen) Studenten wie schon als Schüler in den Klosterschulen unter Internatsbedingungen im Stift. Das Studium ist gegliedert in eine erste, philosophisch und altphilologisch ausgerichtete Phase, die mit dem Magisterexamen abschließt, und eine zweite, im engeren Sinne theologische Phase, an deren Ende das Abschluss- und das kirchliche Konsistorialexamen stehen.

Das Studium geht aber nicht völlig in der Weitergabe der kirchlichen Orthodoxie auf, sondern lässt – nicht zuletzt durch die Vermittlung jüngerer, noch nicht fest etablierter Dozenten, der sogenannten Repetenten – auch Freiräume für die Rezeption aktueller philosophischer Tendenzen. Die neue Philosophie dieser Zeit ist vor allem diejenige Immanuel Kants (1724–1804), der mit seiner *Critik der reinen Vernunft* (1781) allen herkömmlichen metaphysischen Weltbildern und Denksystemen die Grundlage entzieht. Das interpretiert die junge Generation als einen Aufruf zur Freiheit des Denkens und gegen alle bis-

II. Hölderlins Lebensstationen und Erfahrungsräume

5 Friedrich Hölderlin, 1788. Schattenriss aus dem Stammbuch von Christian Friedrich Hiller, Stuttgart, Württembergische Landesbibliothek

6 «Hölderlin als Magister», 1790. Schattenriss, Stuttgart, Württembergische Landesbibliothek

herige philosophische und kirchliche Dogmatik. Auf der realpolitischen Ebene ist das europaweit durchschlagende Ereignis dieser Jahre die Französische Revolution, deren Folgen die europäische Landkarte in den folgenden Jahrzehnten radikal verändern. Die euphorische Reaktion der Studenten auch des Tübinger Stifts auf die revolutionären Ereignisse im Nachbarland nimmt Herzog Karl Eugen von Württemberg so ernst, dass er im November 1789 selbst im Stift erscheint, um für Ruhe zu sorgen und die Statuten verschärfen zu lassen.

Die Entdeckung neuer geistiger Welten und politisch-kultureller Perspektiven macht Hölderlin nicht allein, sondern ganz im Geist des 18. Jahrhunderts, das man das Jahrhundert der Freundschaft genannt hat, im Kreis vertrauter Freunde, die er überwiegend im Stift als Studienkollegen kennenlernt und mit denen er zum Teil noch viele Jahre die Freundschaft pflegt. In der ersten Phase sind es vor allem ältere Mitstudenten wie Immanuel Niethammer (1766–1848), der das Stift bereits 1789 verlässt und 1790 nach Jena geht, zunächst als Student, dann als Professor für Philosophie, später für Theologie; 1804 wechselt er nach Würzburg und 1807 als leitender Bildungsbeamter nach München. Für Hölderlin ist Niethammer, wie er ihn noch in einem Brief vom 24.2.1796 nennt, «mein philosophischer Mentor» (MA 2, 614). Zu den etwas älteren Freunden zählen ferner Rudolf Magenau (1767–1846) und Christian Ludwig Neuffer (1769–1839), die ihm Orientierung bieten und ihn dabei als gleichberechtigt anerkennen. Zu dritt gründen sie 1790 den am Vorbild des 1772 entstandenen ‹Göttinger Hains› ausgerichteten ‹Aldermannsbund›. Wie für die Göttinger ist für die jungen schwäbischen Studenten Friedrich Gottlieb Klopstock (1724–1803) mit seiner Neubegründung einer nicht mehr regelgeleiteten, sondern freirhythmischen Dichtung und seinem Ideal einer *Gelehrtenrepublik* (1774) wegweisend. Magenau und Neuffer verlassen das Tübinger Stift vor Hölderlin 1791 und schlagen die vorgeschriebene Pfarrerslaufbahn ein. Bis um 1800 ist Neuffer für Hölderlin einer der wichtigsten Freunde und Briefpartner. Er macht ihn auch mit den freiheitlich gesinnten schwäbischen Publizisten Christian Friedrich Daniel Schubart (1739–1791) und Gotthold Friedrich Stäudlin (1758–1796) bekannt. Stäudlin ermöglicht Hölderlin die ersten Gedichtveröffentlichungen in seinem *Musenalmanach fürs Jahr 1792*.

In der späteren Phase von Hölderlins Tübinger Studienjahren werden Georg Wilhelm Friedrich Hegel (1770–1831) und Friedrich Wilhelm Joseph Schelling (1775–1854) seine wichtigsten Freunde. Während Hegel gleichzeitig mit Hölderlin studiert, kommt der fünf Jahre jüngere Schelling erst 1790 ans Stift und bleibt dort bis 1795. Mit diesen beiden Freunden teilt Hölderlin das nicht nachlassende Interesse an Fragen der aktuellen Philosophie. Alle drei vermeiden nach den Examina den für sie vorgesehenen Berufsweg des Pfarrers und wählen zunächst eine Anstellung als Hauslehrer (‹Hofmeister›). Während Schelling schnell und Hegel mit einigen Umwegen eine Karriere als Universitätsprofessor gelingt, kommt Hölderlin im bürgerlichen Leben nie über den Status des Hofmeisters hinaus; 1802 gibt er auch diesen Beruf auf.

Hegel und Hölderlin verlassen kurz nacheinander im Herbst und Winter 1793 nach erfolgreichem Konsistorialexamen das Stift. Hölderlin erinnert den Freund in einem Brief vom 10.7.1794 daran, was sie einander versprochen haben:

II. Hölderlins Lebensstationen und Erfahrungsräume

Lieber Bruder!
Ich bin gewis, daß Du indessen zuweilen meiner gedachtest, seit wir mit der Loosung – Reich Gottes! von einander schieden. An dieser Loosung würden wir uns nach jeder Metamorphose, wie ich glaube, wiedererkennen. (MA 2, 540)

Dieser Briefanfang mehr als ein halbes Jahr nach der Trennung der Freunde wirkt etwas befremdlich, denn er ist bei allem Freundschaftspathos durch einen mahnenden Ton geprägt: Offenbar hat Hegel die glühende Parole in der Zwischenzeit gerade nicht verwendet, was beim Briefschreiber den Verdacht aufwirft, der Adressat habe den Freund vergessen. Zugleich ist es die Parole selbst, die uns heute merkwürdig vorkommt. Sie beruht offenbar auf einer endzeitlichen Stimmung, welche die Freunde im Stift geteilt haben und nun in ihren Berufsalltag hinüberzuretten versuchen: So wie das Urchristentum der ersten Jahrhunderte nach dem Tod des Messias in der unmittelbaren Naherwartung des Unterganges der Welt lebte, auf welchen das Reich des Erlösers direkt folgen sollte, treiben die jungen Theologen im letzten Jahrzehnt des 18. Jahrhunderts ähnliche Erwartungen um. Diese sind nicht ganz abwegig, denn die stabile politische Welt Mitteleuropas ist mit der Französischen Revolution und ihren Folgen ins Wanken geraten: 1792 bricht der erste Koalitionskrieg aus, den die alten Mächte Österreich, Preußen und Großbritannien gegen das revolutionäre Frankreich führen. Das Ergebnis ist für die Zeitgenossen so ungewiss wie der weitere Verlauf der Revolution in Frankreich, die 1793/94 in der jakobinischen Schreckensherrschaft, der *terreur*, zu versinken droht. In den folgenden zwei Jahrzehnten wird es etliche weitere verheerende Kriege in Europa geben, seit 1796 auf französischer Seite vor allem von Napoleon Bonaparte (1769–1821) geführt, der mit einem Staatsstreich 1799 Erster Konsul der Republik wird und sich 1804 selbst zum Kaiser Napoleon I. krönt. Napoleon wird für viele deutsche Intellektuelle, unter ihnen Hegel und Goethe, zu einer der beeindruckendsten Gestalten ihrer Zeit. Hölderlin widmet ihm mehrere Gedichte. Unter dem militärischen Druck Napoleons verzichtet Kaiser Franz II. am

6.8.1806 auf die deutsche Kaiserkrone und bleibt allein Kaiser von Österreich, was das Ende des mehr als tausend Jahre alten Heiligen Römischen Reiches Deutscher Nation bedeutet. Ende 1806 bricht auch Preußen militärisch und politisch zusammen.

Das ersehnte «Reich Gottes» kommt also trotz aller massiven Umwälzungen der Welt um 1800 nicht. Doch immerhin gibt es für Hölderlin eine unerwartete Gelegenheit, die Freundschaft mit Hegel und die gemeinsam entwickelten Vorstellungen nach gut drei Jahren Unterbrechung zu erneuern: Hegel ist 1793–1796 Hofmeister in Bern, 1797–1800 in gleicher Funktion in Frankfurt am Main. Da Hölderlin von Anfang 1796 bis Herbst 1798 bei der Frankfurter Bankiersfamilie Gontard als Hofmeister tätig ist, treffen die beiden Freunde dort wieder zusammen.

Zunächst aber, Ende 1793, tritt Hölderlin seine erste, durch Stäudlin und über diesen durch Friedrich Schiller (1759–1805) vermittelte Hofmeisterstelle an, im Hause von Kalb im thüringischen (heute fränkischen) Waltershausen. Hölderlin stößt auf große Schwierigkeiten bei der Erziehung seines Zöglings Fritz von Kalb. Noch im November 1794 reist er mit diesem nach Jena, im Dezember in Begleitung von Charlotte von Kalb nach Weimar; im Januar 1795 löst man das Arbeitsverhältnis im gegenseitigen Einvernehmen, und Hölderlin zieht ganz nach Jena. Er wohnt dort für etwa drei Monate in einem Gartenhaus zusammen mit dem aus dem hessischen Homburg stammenden Jura-Studenten Isaak von Sinclair (1775–1815), den er bereits in Tübingen kennengelernt hat und der 1798 Regierungsrat am Hof des Landgrafen Friedrich V. von Hessen-Homburg (1748–1820) wird.

Jena ist die Universitätsstadt des Herzogtums Sachsen-Weimar-Eisenach; es ist gut 20 Kilometer von der Residenzstadt Weimar entfernt. Schon die Zeitgenossen bemerken, welch eminente kulturelle Bedeutung das Herzogtum unter der Regentschaft der Herzogin Anna Amalia (1739–1807) und ihres Sohnes Carl August (1757–1828, regierender Herzog ab 1775) gewinnt. Nach Christoph Martin Wieland (1733–1813), der 1772 Prinzenerzieher Carl Augusts wird, kommen 1775 Goethe (1749–1832) und auf dessen Vermittlung 1776 Johann Gottfried Herder (1744–1803) sowie 1787 Schiller nach Weimar. Die 1548 gegründete Universität Jena erlebt im letzten Jahrzehnt des 18. Jahrhunderts eine Blüte wie wohl keine andere deutsche Bildungseinrichtung dieser Zeit. Goethe, der auch «Oberaufseher über die Anstalten für Wissenschaften und Künste» im Herzogtum ist, gelingt es, die Berufung von einigen der innovativsten Geister der Zeit zu befördern. So ist Schiller 1789–1799 als (unbesoldeter) Geschichtsprofessor in Jena tätig. Der Philosoph Johann Gottlieb Fichte (1762–1814) lehrt 1794– 1799 dort. Mit seinem in der *Grundlage der gesamten Wissenschaftslehre* (1794) entwickelten subjektivistischen Idealismus erntet Fichte zwar Unverständnis bei vielen Zeitgenossen einschließlich Goethe – bis hin zu seiner Entlassung aus der Professur im Zuge des von ihm ausgelösten sogenannten Atheismusstreits 1799. Aber bei zahlreichen Vertretern der jungen Generation löst er Faszination aus und regt die Weiterentwicklung seiner Gedanken an, die zu den verschiedenen Ausprägungen des deutschen Idealismus, etwa bei Hegel und Schelling, führt. Auch Hölderlin zählt zu den begeisterten Hörern und Mitdenkern Fichtes.

Ab 1796 leben und wirken einige der wichtigsten Vertreter der Frühromantik in Jena: August Wilhelm Schlegel (1767– 1845) – von 1798 bis 1800 außerordentlicher Professor für Philologie – und dessen jüngerer Bruder Friedrich Schlegel (1772– 1829), zeitweise auch Friedrich von Hardenberg (Novalis, 1772–1801), den Hölderlin wohl schon im Mai 1795 zusammen mit Fichte im Hause Niethammers in Jena trifft – die einzige dokumentierte Begegnung zwischen Hölderlin und den späteren Frühromantikern. Von 1798 bis 1803 lehrt auch Hölderlins Studienfreund Schelling Philosophie an der Universität Jena.

Hölderlins Jenaer Aufenthalt dauert jedoch nur wenige Monate: Bereits im Juni 1795 verlässt er die Stadt plötzlich wieder, nachdem er sich Mitte Mai gerade erst an der Universität immatrikuliert hat, mit dem Ziel, nach einem zusätzlichen philosophischen Examen selbst als Dozent in Jena tätig zu werden. Wie ist das zu erklären? Die Forschung ist sich wie an mehreren anderen Wendepunkten von Hölderlins Leben nicht einig, da es nur sehr wenige aussagekräftige Zeugnisse gibt. Einer der Gründe könnte der plötzliche Tod Rosine Stäudlins, der Verlobten Neuffers, am 25.4.1795 gewesen sein – eine tragische Situation, in der Hölderlin dem in Stuttgart lebenden «Herzensbruder» beistehen will, wie er diesem im Brief vom 8.5.1795 versichert (MA 2, 586). Möglicherweise flieht Hölderlin auch vor Sinclair, dessen Homosexualität er in der engen Wohngemeinschaft mit ihm – vielleicht in Abwehr eigener homoerotischer Neigungen – nicht ertragen hat (so Brauer 1993). Hinzu kommt sicher auch ein allgemeines Unbehagen, das Hölderlin fernab der südwestdeutschen Heimat erfasst hat.

Schließlich ist als Grund für den abrupten Aufbruch aus Jena Hölderlins kompliziertes Verhältnis zu dem zehn Jahre älteren Schiller zu nennen, den er schon in der Zeit seiner Examina im September 1793 in Ludwigsburg kennengelernt hat. Hölderlins Umgang mit Schiller in Jena ist geprägt von Bewunderung. Im Brief an Neuffer vom November 1794 überliefert er eine ebenso köstliche wie beklemmende Anekdote: Hölderlin trifft bei seinem ersten Besuch in Schillers Haus auf «einen Fremden, bei dem keine Miene, auch nachher lange kein Laut etwas besonders ahnden ließ» (MA 2, 553). Hölderlin, von Schillers Genius ganz in Anspruch genommen, straft den «Fremden» mit gebührender Missachtung und Kälte, nur um wenig später von Dritten zu erfahren, «daß *Goethe* diesen Mittag bei Schiller gewesen sei» (MA 2, 554). Auch wenn Hölderlin bald darauf versucht, sein Verhältnis zu Goethe aufgrund einiger späterer Begegnungen als unproblematisch darzustellen: Die beim ersten Aufeinandertreffen besonders unglücklich zugespitzte Konstellation sollte auch Hölderlins weiteres Verhältnis zu den beiden wichtigsten Vertretern der später so genannten Weimarer Klassik prägen. Schiller ist für Hölderlin einer seiner zentralen Bezugspunkte in der literarischen Szene der Zeit, ein uneingeschränkt bewundertes Vorbild und ein wichtiger Förderer. Goethe steht für ihn dagegen immer nur an zweiter Stelle; seine Bedeutung wird von ihm eher nur formelhaft gewürdigt. Umgekehrt wird der mehr als 20 Jahre jüngere Hölderlin von Goethe offenbar niemals ernstlich wahrgenommen oder gar anerkannt.

Aber auch Hölderlins Verhältnis zu Schiller ist von tiefen Ambivalenzen geprägt, wie der am 23.7.1795 aus Nürtingen an den Förderer geschriebene Brief dokumentiert. Hölderlin erklärt hier sein plötzliches Verschwinden aus Jena mit der übergroßen Nähe zu Schiller, die er nun in der Ferne sehr entbehre. Dem enormen Anspruch an sich selbst, den die Nähe zu Schiller unvermeidlich ausgelöst habe, habe er nicht gerecht werden können, und er habe sich daher aus Selbstschutzgründen von Schiller entfernt.

Hölderlin lernt im Juni 1795 bei einem Zwischenaufenthalt in Heidelberg den Frankfurter Arzt und Naturforscher Johann Gottfried Ebel (1764–1830) kennen, der als Anhänger der Revolution 1796–1802 in Paris leben wird. Ebel vermittelt Hölderlin dessen zweite Hofmeisterstelle in Frankfurt am Main, die Hölderlin im Januar 1796 antritt. Bis dahin lebt Hölderlin im Haus seiner Mutter in Nürtingen, unterbrochen von Treffen mit Freunden wie Schelling, Neuffer und Magenau in Tübingen und Stuttgart. Dennoch ist diese Zeit von Vereinsamung und Reue über den Abbruch der Jenaer Perspektiven geprägt. Dieser Lebensrhythmus wird sich jedoch bei Hölderlin in den nächsten Jahren mehrfach wiederholen: Flucht aus einer festen Anstellung, Rückkehr in den Haushalt der Mutter und erneuter Aufbruch.

Die gut zweieinhalb Jahre bis zum September 1798, die Hölderlin in Frankfurt lebt und arbeitet, bereichern seine Lebenserfahrung entscheidend. Zum einen erlebt er, der bisher nur in Kleinstädten gewohnt hat, eine deutsche Großstadt dieser Zeit mit etwa 40 000 Einwohnern und eine der wichtigsten Handelsstädte; sein Arbeitgeber Jakob Friedrich Gontard (1764–1843) ist Kaufmann und Bankier und zählt zu den reichsten Männern der Stadt. Während Hölderlin die Großstadt ablehnt, gelingt ihm die Erziehung Henri Gontards weitaus besser als die seines früheren Zöglings.

Eine Lebenswende bedeutet für Hölderlin die Begegnung mit der Frau seines Arbeitgebers, der aus Hamburg stammenden Susette Gontard (1769–1802; Abb. 9, S. 80). Zwar sind frühere Liebschaften Hölderlins belegt, wahrscheinlich oder möglich: mit

Louise Nast (1768–1839), Elise Lebret (1774–1839) und Wilhelmine Kirms (1772–1840). Doch die Annäherung an die Bankiersfrau und Mutter von vier Kindern hat eine völlig andere Dimension. Es sind wiederum Briefe an Neuffer, in denen Hölderlin unverhüllt und pathetisch von seiner Liebe spricht, ohne die geliebte Person explizit zu benennen. So schreibt er im Frühsommer 1796:

> Ich bin in einer neuen Welt. [...] Lieber Freund! es giebt ein Wesen auf der Welt, woran mein Geist Jahrtausende verweilen kann und wird [...]. Lieblichkeit und Hoheit, und Ruh und Leben, u. Geist und Gemüth und Gestalt ist Ein seeliges Eins in diesem Wesen. (MA 2, 624)

Dieser Grundgedanke findet sich immer wieder, nicht nur in den Briefen, sondern auch in den *Hyperion*-Texten: Mit der Liebe und dem Auftreten des einen geliebten Wesens ändert sich für den Liebenden die Welt; alle Ideale des Wahren, Schönen und Guten finden sich in dem Liebesobjekt verkörpert.

Offenbar nichts ahnend lässt Gontard, da er eine Gefährdung seiner Familie durch die herannahenden französischen Truppen fürchtet, den Hofmeister mit seiner Frau und seinen Kindern von Juli bis September 1796 nach Kassel, dann nach Bad Driburg reisen, während er selbst in Frankfurt zurückbleibt. So ermöglicht er die Annäherung zwischen seiner Frau und Hölderlin. Etwas abgeklärter und doch noch voller Euphorie schreibt Hölderlin am 16.2.1797 wieder an Neuffer:

> Es ist eine ewige fröhliche heilige Freundschaft mit einem Wesen, das sich recht in diß arme geist- u. ordnungslose Jahrhundert verirrt hat! Mein Schönheitssinn ist nun vor Störung sicher. Er orientirt sich ewig an diesem Madonnenkopfe. (MA 2, 649)

Hölderlin sieht hier die christliche Madonna in dem geliebten Wesen verkörpert, womit seine Liebe vergeistigt und gerechtfertigt wird. Doch schon wenige Monate später ist die Stimmung gekippt: «Ich bin zerrissen von Liebe und Haß» (an Neuffer, 10.7.1797; MA 2, 658). Die Liebe seines Lebens ist zum Scheitern verurteilt, denn es konnte nicht ausbleiben, dass Gontard etwas von dem Verhältnis erfuhr. Es kommt zum Zerwürfnis; im September 1798 verlässt Hölderlin Frankfurt und geht auf

Einladung Sinclairs in das nahe gelegene Homburg. Bis zum Mai 1800 tauscht er noch Briefe mit Susette Gontard – 17 von ihr geschriebene sind überliefert – und trifft sich öfter kurz und heimlich mit ihr. Nach Hölderlins Fortgang aus Homburg sind jedoch keine Treffen mit der Geliebten mehr möglich.

Knapp zwei Jahre, vom Herbst 1798 bis zum Sommer 1800, dauert Hölderlins erster Homburger Aufenthalt. Gleich zu Beginn, im November 1798, begleitet er Sinclair zum Rastatter Kongress, auf dem er «einige junge Männer voll Geist und reinen Triebs» kennenlernt (an Karl Gok, 28.11.1798; MA 2, 716). Hölderlin ist in der Homburger Zeit ohne feste Anstellung, aber dichterisch sehr produktiv: Nach dem Abschluss des *Hyperion* arbeitet er bis Anfang 1800 am *Empedokles*. Parallel dazu entstehen poetologische und philosophische Aufsätze, die allerdings unpubliziert und meist auch unvollendet bleiben. Hölderlin plant, eine eigene Zeitschrift mit dem Titel *Iduna* (nach der altnordischen Göttin der ewigen Jugend) herauszugeben, die sein Projekt einer «Bildung unserer Nation» hätte befördern sollen (an Karl Gok, 1.1.1799; MA 2, 725). Doch der Plan scheitert, da es ihm nicht gelingt, prominente Autoren wie Schiller und Goethe und hinreichend viele seiner publizistisch tätigen Freunde dafür zu gewinnen.

Im Juni 1800 kehrt Hölderlin zunächst nach Nürtingen zurück und wohnt danach für ein halbes Jahr bis Januar 1801 im Haus seines Freundes Georg Christian Landauer (1769–1845), eines Stuttgarter Tuchhändlers, den Hölderlin schon 1795 über Neuffer kennengelernt hatte. Hölderlin ist in dieser Phase vor allem als Lyriker produktiv.

Es schließt sich die dritte Anstellung als Hauslehrer an, die nur drei Monate, vom Januar bis zum April 1801, dauert. Sein Arbeitgeber ist der Leinenfabrikant Anton von Gonzenbach im schweizerischen Hauptwil nahe St. Gallen. Hölderlin hält sich in dieser Zeit zum ersten Mal außerhalb Deutschlands auf. Prägend, nicht zuletzt auch für seine späte Lyrik, wird die Erfahrung der Alpenlandschaft. In die Anfangszeit des Schweizer Aufenthalts fällt der Friedensschluss von Lunéville am 9.2.1801, der sich im Rückblick nur als ein kurzes Innehalten während des zweiten Koalitionskrieges erweist; auf diesen sollten noch etliche weitere Kriege gegen das napoleonische Frankreich folgen. Hölderlin aber nimmt den Friedensschluss geradezu als Beginn eines neuen Zeitalters wahr. Die «Tage der schönen Menschlichkeit» scheinen ihm angebrochen zu sein: «Ich glaube, es wird nun recht gut werden in der Welt» (an Heinrike Breunlin, 23.2.1801; MA 2, 892). Der – auch geographische – Abstand zu allen vorangegangenen Konflikten, sei es im politischen Bereich, sei es in seinem eigenen Leben, scheint Hölderlin zur Hoffnung auf einen Zustand des inneren und äußeren Friedens zu verleiten. Dessen Dauerhaftigkeit reicht allerdings entgegen der Suggestion, die auch ein Element von Selbsttäuschung hat, kaum über den Moment des Schreibens hinaus. In einem Brief an Landauer, ebenfalls aus der zweiten Februarhälfte 1801, akzentuiert Hölderlin noch deutlicher seine Idealvorstellung von der politischen Sphäre, die sich vom revolutionären Aktionismus vieler seiner Freunde stark unterscheidet. Am Frieden freut ihn vor allem,

[...] daß mit ihm die politischen Verhältnisse und Misverhältnisse überhaupt die überwichtige Rolle ausgespielt [...] haben [...]; am Ende ist es doch wahr, je weniger der Mensch vom Staat erfährt und weiß, die Form sei, wie sie will, um desto freier ist er. [...] Ich denke, mit Krieg und Revolution hört auch [...] der Geist des Neides auf, und eine schönere Geselligkeit, als nur die ehernbürgerliche, mag reifen! (MA 2, 895)

Es spricht hieraus eine große Müdigkeit des 30-Jährigen, der sein bisheriges Leben ebenso wie die Entwicklung der politischen Verhältnisse als von großer Zerrissenheit gezeichnet erfahren hat. Was bleibt, ist das Ideal der Ruhe, der Abwesenheit des Politischen und Militärischen. Mit dem Ideal einer ‹schöneren Geselligkeit› nähert er sich frühromantischen Positionen an, wie sie Friedrich Schleiermacher (1768–1834) im *Versuch einer Theorie des geselligen Betragens* (1799) entwickelt hat.

Offenbar aus äußerlichen Gründen wird das Arbeitsverhältnis nach kurzer Zeit durch ein höfliches Kündigungsschreiben von Gonzenbach am 11.4.1801 wieder aufgelöst. Hölderlin steht nun ein weiteres Mal beruflich vor dem Nichts und kehrt als ein Gescheiterter nach Nürtingen zurück. Der erste erhaltene Brief von ihm nach der Kündigung und nach der Rückkehr ist am 2.6.1801 an Schiller gerichtet; es ist zugleich sein letzter Brief an Schiller überhaupt. Offen bekennt Hölderlin, dass es ihm nicht gelungen sei, seine Existenz als freier Schriftsteller zu sichern; auch in seiner Erziehertätigkeit habe er eher «Unzufriedenheit» und «Mitleiden» seiner Arbeitgeber als Anerkennung erfahren (MA 2, 904). Die drohende Perspektive, nun doch noch in die praktische Ausbildung zum Pfarrer eintreten zu müssen, erzeugt in Hölderlin die Angst, «am Ende alle Mittheilungsgaabe» zu verlieren (MA 2, 904). Er weist auf seine Kompetenzen in der griechischen Literatur und der Philosophie hin und bittet Schiller um die Vermittlung einer Dozentenstelle an der Universität Jena, wie er sie schon im Frühjahr 1795 kurz vor seiner Flucht aus der thüringischen Universitätsstadt angestrebt hatte. Schiller empfiehlt den nicht mehr ganz jungen Hölderlin, der im selben Atemzug sein Scheitern als Privatlehrer eingesteht und über keinerlei akademische Lehrerfahrung verfügt, jedoch offenbar nicht an die Universität Jena – während etwa Schelling 1798 auf Empfehlung Schillers im Alter von 23 Jahren an diese Universität berufen worden ist. Auch ein ähnlicher Bewerbungsbrief vom 23.6.1801 an Niethammer hat keinen Erfolg.

Hölderlin ergreift daraufhin als für ihn letzte Möglichkeit das Angebot einer Hofmeisterstelle bei dem aus Hamburg stammenden Weinhändler und deutschen Konsul Daniel Christoph Meyer (1751–1818) in Bordeaux. Zu Fuß macht er sich Mitte Dezember 1801 auf den Weg, der ihn Richtung Südwesten durch einen Großteil Frankreichs führt. Ende Januar 1802 kommt er in Bordeaux an und nimmt seine Arbeit auf. Aber auch diese Anstellung endet aus nicht eindeutig geklärten Gründen bereits Mitte Mai. Die Zeugnisse aus dieser Zeit sind spärlich; es liegen uns aus Bordeaux nur drei eher nichtssagende Briefe an die Mutter vor. Hölderlin macht sich, möglicherweise wieder zu Fuß, auf den Rückweg, der ihn vermutlich über Paris führt, wo er vielleicht die Antikensammlung im Musée Napoléon besichtigt. Mitte Juni trifft er in Stuttgart, kurz darauf in Nürtingen ein. Dort erreicht ihn die Nachricht vom Tod Susette

Gontards, die am 22.6.1802 an den Röteln gestorben ist, durch einen Brief Sinclairs vom 30.6.1802, der damit sogleich wieder eine Nähe zu dem gefährdeten Freund herzustellen versucht. Hölderlins Gesamtzustand nach der Rückkehr, aber besonders nach dem Erhalt der Todesnachricht, wird von denen, die ihm am nächsten stehen, als zerrüttet und besorgniserregend beschrieben, so von Landauer in einem Brief an Hölderlins Mutter vom 31.7.1802 (MA 3, 607 f.). Schelling hält ihn (in einem am 11.7.1803 an Hegel gerichteten Brief) für «am Geist ganz zerrüttet» (MA 3, 619). Hölderlin wohnt vom Sommer 1802 bis zum Sommer 1804 wieder bei der Mutter in Nürtingen, die ihn zunehmend als psychisch Kranken ansieht und behandelt, wie aus ihren Briefen an Sinclair hervorgeht. Immerhin nimmt Sinclair Hölderlin im Oktober 1802 mit auf den Reichstag in Regensburg. Mit Hilfe des Drängens anderer Freunde wie Landauer gelingt es Sinclair im Juni 1804, Hölderlin noch einmal aus der fatalen Wohngemeinschaft mit seiner Mutter herauszuziehen. Hölderlin wird vom Landgrafen von Hessen-Homburg als Hofbibliothekar eingestellt; sein Gehalt zweigt Sinclair von seinem eigenen ab.

Sinclairs Lage wird aber immer prekärer: 1805 wird ihm in Ludwigsburg der Prozess wegen des Verdachts einer gewaltsamen Verschwörung gegen den württembergischen Kurfürsten gemacht; er sitzt monatelang in Untersuchungshaft. Im August 1806 wird Hessen-Homburg dem Großherzogtum Hessen-Darmstadt zugeschlagen, so dass Sinclair seine Stellung verliert und Hölderlin nicht mehr in Homburg halten kann. Im Brief an Hölderlins Mutter vom 3.8.1806 schreibt Sinclair, dass Hölderlins «Wahnsinn eine sehr hohe Stufe erreicht» habe, und bittet sie, ihn abholen zu lassen (MA 3, 643). Am 15.9.1806 wird Hölderlin in das Autenriethsche Klinikum in Tübingen eingeliefert. Dort wird er einer eingreifenden, aus heutiger Sicht höchst problematischen Behandlung unterworfen, die seine Widerstände gegen die Behandlung ebenso wie seine geistigen Spannkräfte ein für alle Mal bricht. Am 3.5.1807 wird er als unheilbar aus dem Klinikum entlassen und in die Obhut des Tübinger Schreinermeisters Ernst Zimmer (1772–1838) übergeben, der ihn das

Turmzimmer in seinem bis heute erhaltenen Haus am Neckar bewohnen lässt. Hier lebt Hölderlin bis zu seinem Tod am 7. Juni 1843. Anfangs schreibt er noch viel, in späteren Jahren nur noch auf Bitten der Besucher. 1815 stirbt Sinclair, 1828 Hölderlins Mutter, 1838 auch Zimmer, dessen Tochter daraufhin die Betreuung übernimmt. Der kranke Hölderlin aber überlebt sie alle und wird allmählich zum Teil der Geschichte und zum Gegenstand der Literarhistorie.

III. Hölderlins Briefe

Einen wichtigen Teil der von Hölderlin hinterlassenen Texte bilden seine Briefe. Ihnen kommt eine zentrale Stellung zwischen seinem Leben sowie seinen theoretischen und dichterischen Werken zu. Hölderlin ist damit ein Kind seiner Zeit: In der zweiten Hälfte des 18. Jahrhunderts gewinnt der Brief als Element der gesellschaftlichen und kulturellen Kommunikation eine neue Bedeutung; das Genre des Privatbriefs entwickelt sich nach zaghaften Vorläufern erst ab den 1750er Jahren. Zuvor war der Brief vornehmlich das Medium amtlicher, geschäftlicher oder gelehrter Kommunikation über weite Entfernungen hinweg. Er war stark normiert und das Briefeschreiben daher durch die Befolgung von Regeln und die Nachahmung von Mustern, wie sie in ‹Briefstellern› versammelt wurden, erlernbar. Ansätze eines neuen Tons, der den Panzer des erfolgreichen Mannes aufzubrechen beginnt, kann man bereits im Briefwechsel zwischen Johann Christoph Gottsched (1700–1766) und seiner Frau Luise Adelgunde Victorie Gottsched (1713–1762) entdecken. Diese Tendenzen werden in der spätaufklärerischen Empfindsamkeit systematisch vorangetrieben, vor allem durch Christian Fürchtegott Gellerts (1715–1769) Briefsammlungen und brieftheoretische Publikationen. Parallel zu der Flut aus Privat- und insbesondere Freundschafts- und Liebesbriefen, die in der zweiten Hälfte des 18. Jahrhunderts ausgetauscht werden, kommt die Mode des Briefromans auf, die durch Vorbilder wie Samuel Richardsons *Pamela* (1740) und Jean-Jacques Rousseaus *Nouvelle Héloïse* (1761) befördert wird. Goethes Briefroman *Die Leiden des jungen Werthers* (1774) ist ein Höhepunkt des Genres in Deutschland.

In diesen Kontexten sind auch Hölderlins Briefe und sein Briefroman *Hyperion* zu sehen. Wir kennen heute 315 Briefe von Hölderlin, denen nur 107 an ihn gerichtete Briefe gegenüberstehen. Viele dieser Briefe sind nur in kurzen Inhaltsangaben und Exzerpten, sogenannten Regesten, überliefert. Das wichtigste Konvolut solcher Regesten stammt von Gustav Schlesier (2002).

Paul Raabe (1963) teilt Hölderlins Briefe nach Adressatengruppen ein, was für eine erste Annäherung hilfreich sein kann: Familienbriefe (an die Mutter, die Schwester, den Bruder u. a.), Briefe der Freundschaft (an Neuffer, Hegel, Schelling, Landauer u. a.), Briefe der Liebe (an Louise Nast, Susette Gontard u. a.) und Briefe geistigen Austausches (an Schiller, Niethammer, Ebel u. a.). Liebesbriefe sind von Hölderlin nur äußerst spärlich überliefert, so an Susette Gontard nur vier nicht abgeschickte Entwürfe.

Einen großen Teil des Korpus machen die Familienbriefe aus, darunter allein 74 an die Mutter, denen nur ein von ihr an den Sohn gerichteter Brief gegenübersteht. Die Sohnesbriefe sind häufig sehr formell und ehrerbietig gehalten. Sie versuchen, die Mutter über Jahre hinweg in Hinblick auf die beruflichen Aussichten des Sohnes zu beruhigen und zu vertrösten. Auch aus der Tübinger Spätzeit ist eine Reihe von Schreiben an die Mutter überliefert, die nunmehr nahezu allen Inhalts entbehren und ganz in Formelhaftigkeit erstarren. Die Briefe an die Schwester Heinrike und den Halbbruder Karl Gok sind dagegen von großer Vertrautheit und Offenheit gekennzeichnet; in ihnen entwickelt Hölderlin wichtige Gedanken und Bilder, die später zuweilen in seine Werke Eingang finden. Das asymmetrische Verhältnis des Älteren zu den jüngeren Geschwistern und der überlegene, belehrende Duktus werden aber nie überwunden. Erst in der Krise wird der Bruder nahezu wie ein Freund be-

III. Hölderlins Briefe

7 «Der Neveu [Neffe] Hoelderle erstmals predigend», 1793. Scherenschnitt von Johann Albrecht Hauff, Stuttgart, Familienarchiv Decker-Hauff

8 Friedrich Hölderlin, wohl 1797. Schattenriss aus Hölderlins Handexemplar des *Hyperion*, Marbach, Deutsches Literaturarchiv

handelt (so wie die Freunde häufig auch als «Bruder» angeredet werden).

Die Textgruppe, die Raabe etwas unglücklich «Briefe geistigen Austausches» nennt (denn ein solcher findet ja zwischen den meisten Korrespondenten in irgendeiner Weise statt), fasst Hölderlins Schreiben an sehr unterschiedliche Adressaten zusammen. Die Geschäftsbriefe sind bei Hölderlin zugleich pragmatisch und intellektuell orientierte Schreiben, im Rahmen des dann gescheiterten *Iduna*-Projekts etwa die Korrespondenz mit dem Stuttgarter Verleger Johann Friedrich Steinkopf (1771–1852). Einige Jahre später erörtert Hölderlin mit dem Verleger Friedrich Wilmans (1764–1830) Modalitäten seiner Publikationen, erläutert dabei aber auch Grundgedanken seiner Poetik.

Der Ton in den 36 überlieferten, zwischen Dezember 1789 und dem 4.12.1799 geschriebenen Briefen an Neuffer bleibt fast durchgehend vertraut. Dennoch bricht der Briefwechsel nach zehn Jahren ab, ohne dass erkennbar wäre, dass ein anderer, ebenso enger Freund an Neuffers Stelle träte. Das letzte überlieferte Schreiben Hölderlins an Neuffer ist sein Kondolenzbrief zum Tod von dessen Mutter. Darin spielt Hölderlin seine eigenen Probleme gegen die des Freundes, der mit seiner Stellung unzufrieden ist, aus und legt wenig Verständnis für dessen Dichtungen an den Tag. Offenbar sind die Gemeinsamkeiten zwischen dem langjährigen Pfarrer Neuffer und dem ohne feste berufliche Orientierung und private Bindung lebenden Hölderlin im Laufe der Jahre immer weniger geworden. Wahrscheinlich hat schließlich das Scheitern des *Iduna*-Projekts, in dem Neuffer eine wichtige Rolle als Vermittler zum Verleger Steinkopf spielte, die Entfremdung zwischen den Freunden beschleunigt.

Auch weitere ehemals enge Freunde Hölderlins, die mehr beruflichen Erfolg haben als er, insbesondere Schelling, Hegel und Niethammer, entfremden sich von ihm mit den Jahren, so dass die späteren Briefe Züge von Geschäftskorrespondenz annehmen. Dagegen entwickelt sich zu einem Bekannten wie Ebel, den Hölderlin erst relativ spät (1795) und nur kurz (da Ebel bald darauf für mehrere Jahre nach Paris geht) kennenlernt, in nur fünf überlieferten Briefen ein vertrautes Verhältnis. Da Ebel als ein Freund des Hauses Gontard Hölderlin dessen Frankfurter Anstellung vermittelt hat, fühlt sich dieser verpflichtet, ihm «volle Rechenschaft» abzulegen über die tragische Entwicklung, die sein Aufenthalt in diesem Hause nahm, wie er im November 1799 schreibt (MA 2, 846). Ebel ist darüber hinaus für Hölderlin (im Brief vom 10.1.1797) der Zeitzeuge, der in Paris das unmittelbar erlebt, was der in Deutschland zurückgebliebene Hölderlin aus der Distanz geschichtsphilosophisch durchdenkt, nämlich die desillusionierenden späten Entwicklungen der Französischen Revolution in der Zeit des Direktoriums kurz vor der Machtübernahme Bonapartes: «Es ist herrlich, lieber Ebel! so getäuscht und so gekränkt zu seyn, wie Sie es sind.» (MA 2, 642) Es finden sich hier Gedanken, die einerseits eine engagierte Zeitdiagnostik betreiben, andererseits bereits auf Hölderlins im Zusammenhang mit dem *Empedokles*-Projekt erarbeitete Geschichtsphilosophie vorausdeuten:

Und was das Allgemeine betrift, so hab' ich Einen Trost, daß nemlich jede Gährung und Auflösung entweder zur Vernichtung oder zu neuer Organisation nothwendig führen muß. Aber Vernichtung giebts nicht, also muß die Jugend der Welt aus unserer Verwesung wieder kehren. [...] Ich glaube an eine künftige Revolution der Gesinnungen und Vorstellungsarten, die alles bisherige schaamroth machen wird. Und dazu kann Deutschland vieleicht sehr viel beitragen. Je stiller ein Staat aufwächst, um so herrlicher wird er, wenn er zur Reife kömmt. (MA 2, 643)

Dieser Gedankengang wird von nun an für Hölderlin leitend sein: Die politische Revolution in Frankreich hat nicht zu der anfangs erhofften anhaltenden Befreiung der Menschheit geführt. Der Gedanke der Revolution darf aber nicht aufgegeben, sondern er muss transformiert werden in den einer «Revolution der Gesinnungen und Vorstellungsarten», einer radikalen Umwälzung, die vor allem auf dem Gebiet der Imagination und des Geistes, der Literatur und der Philosophie stattfinden soll. Deutschland ist für Hölderlin wie für andere Vertreter seiner Generation trotz oder gerade wegen seiner politischen Trägheit prädestiniert dazu, diese geistige Revolution voranzutreiben. Die kantische und nachkantische Philosophie sowie die aktuelle Dichtung sollen Medien dazu sein. Mit diesen Argumenten (und dem Verweis darauf, dass der Adressat ein «gute[s] Mädchen» zu Unrecht in Frankfurt zurückgelassen habe) versucht Hölderlin, Ebel zur Rückkehr zu bewegen; und er wirbt weiter damit, dass nun auch Hegel nach Frankfurt gekommen sei (MA 2, 644). Im Brief vom November 1799, gut ein Jahr nach der Trennung von Susette Gontard, werden diese Grundgedanken in weitaus düstererer Stimmung wieder aufgegriffen; das zwei Jahre zuvor von Zuversicht getragene Geschichtskonzept gerät nun gefährlich ins Wanken: «Glüklich sind wir dann, wenn uns noch eine andere Hofnung bleibt!» (MA 2, 847) Ebel kehrt erst im Januar 1802 nach Frankfurt zurück, als Hölderlin sich gerade in Bordeaux aufhält. Im Juni 1802 besucht Ebel Susette Gontard noch an ihrem Sterbebett. Aus dieser Zeit sind aber keine Briefe mehr zwischen den beiden Freunden überliefert.

Ein weiterer wichtiger Freund Hölderlins ist der kurländische

Dichter Casimir Ulrich Böhlendorff (1775–1825), den Hölderlin bereits aus Jena kennt und später in Homburg wiedertrifft. Erhalten sind nur zwei Schreiben Hölderlins an ihn, beide aus Nürtingen, eines vom 4.12.1801, das andere aus dem November 1802. Diese beiden Briefe, die ein vertrautes Verhältnis der beiden Freunde offenbaren, zählen zu den wichtigsten, die wir aus Hölderlins später Lebensphase zwischen 1801 und 1806 kennen, und sollen daher etwas ausführlicher vorgestellt werden.

Um den 12.12.1801 bricht Hölderlin aus seiner Heimat nach Bordeaux auf. Eine gute Woche vorher schreibt er den ersten der beiden Briefe an den ebenfalls wenig erfolgreichen Dichterfreund, der damals in Bremen, ab April 1802 in Berlin lebt und 1803 geistig zerrüttet nach Kurland zurückkehrt; von da an unternimmt er lange ziellose Reisen durch Nordosteuropa, bevor er sich 1825 das Leben nimmt. Hölderlin entwickelt in seinem Brief grundsätzliche Überlegungen zum Verhältnis zwischen der Kunst der antiken «Griechen» und «unserer» – also der gegenwärtigen, insbesondere der deutschen – Kunst:

Aber das eigene muß so gut gelernt seyn, wie das Fremde. Deßwegen sind uns die Griechen unentbehrlich. Nur werden wir ihnen gerade in unserm Eigenen, Nationellen nicht nachkommen, weil, wie gesagt, der *freie* Gebrauch des *Eigenen* das schwerste ist. (MA 2, 913)

Das heute ungebräuchliche Wort ‹das Nationelle› hat nur bedingt etwas mit dem Nationalen zu tun; es wird von Hölderlin als Synonym für ‹das Eigene›, also das einer Nation und deren Kultur Eigentümliche, verwendet. Hölderlin formuliert in diesen Sätzen eine Auseinandersetzung mit der für viele seiner Zeitgenossen verbindlichen klassizistischen Auffassung Johann Joachim Winckelmanns (1717–1768), der in seinen *Gedancken über die Nachahmung der Griechischen Wercke in der Mahlerey und Bildhauer-Kunst* (1755) postuliert hatte: «Der einzige Weg für uns, groß, ja, wenn es möglich ist, unnachahmlich zu werden, ist die Nachahmung der Alten.» Der Klassizismus, wie ihn Winckelmann programmatisch formuliert, gestattet der Kunst und Kultur der Neuzeit nicht, etwas Neues, Eigenständiges zu entwickeln. Neuzeit und Gegenwart bleiben so gegenüber der Antike (den ‹Alten›) stets sekundäre Kunstepochen. In der Debatte zwischen den ‹Antiken› und den ‹Modernen› (*Querelle des anciens et des modernes*), die in der ersten Hälfte des 18. Jahrhunderts vor allem in Frankreich, in der zweiten Hälfte des Jahrhunderts auch in Deutschland mit Vehemenz ausgetragen wurde, bezieht Winckelmann damit Stellung für die ‹Antiken›. Hölderlin nimmt in dieser Debatte, zu der auch Goethe, Schiller und die Brüder Schlegel wichtige Beiträge geleistet haben, die Position der ‹Modernen› ein, die davon überzeugt sind, dass der Kunst der Neuzeit gegenüber derjenigen der Antike ein Eigengewicht zukommt. Hölderlin spricht zwar auch von der ‹modernen› Kunst, häufiger aber wie hier von ‹unserer›, der ‹abendländischen› oder (in anderen Texten) ‹hesperischen› Kunst. Er entwirft ein komplexes Wechselverhältnis: Ohne die Kunst der Griechen geht es nicht, denn sie haben als natürliche Anlage etwas, was ‹wir› (die modernen Künstler) nicht haben; Hölderlin nennt es «Feuer vom Himmel» oder «schöne[] Leidenschaft» (MA 2, 912), und es ist bedingt durch die Wärme und das Licht der mediterranen Länder, in denen diese Kunst vor allem entstanden ist. Kunst bleibt Hölderlin zufolge niemals bei ihren Grundanlagen stehen, sondern setzt diese in ein produktives Wechselverhältnis zu ihrem Gegensatz. Die neuzeitliche Grundanlage der Klarheit oder Nüchternheit müsse daher angereichert werden mit dem «heiligen Pathos» der Griechen. In einem dritten Schritt müssen die Extreme schließlich miteinander vermittelt werden.

Der zweite Teil des Briefes an Böhlendorff enthält Ausblicke auf Hölderlins lebensgeschichtliche Perspektiven, die zugleich als eine praktische Anwendung seiner Poetik erscheinen. Hölderlin weist darauf hin, dass er aus beruflichen Gründen erstmals in seinem Leben den deutschsprachigen Raum für längere Zeit verlassen und in einer Gegend arbeiten werde, die ihm durch ihre Fremdheit, ihre revolutionäre Prägung und ihre südliche Lage als ebenso reizvoll wie bedrohlich erscheint: «Ich werde den Kopf ziemlich beisammen halten müssen, in Frankreich, in Paris; auf den Anblik des Meeres, auf die Sonne der Provence freue ich mich auch.» (MA 2, 913) Die geographische Ungenauigkeit ist symptomatisch: Hölderlin reist ja nicht an die südfranzösische Mittelmeerküste, sondern an die Atlantikküste im Südwesten des Landes; aber *ein* Teil des mediterran geprägten Südens Frankreichs und damit auch Europas steht in seiner Sicht stellvertretend für den anderen. Die neue Herausforderung verbindet Hölderlin mit ambivalenten Erwartungen, hoffnungsvollen wie bedrohlichen. Dabei greift er auf Bilder aus der griechischen Mythologie zurück, insbesondere auf den Blitz als Zeichen des Göttervaters Zeus: «Denn unter allem, was ich schauen kann von Gott, ist dieses Zeichen mir das auserkorene geworden.» (MA 2, 914) Der Blitz kann erhellende neue Einsichten befördern, er kann aber auch lebensgefährlich sein. So vergleicht sich Hölderlin mit Tantalos, dem wegen seines Raubs der Götterspeise Ambrosia mit ewigen Strafen belegten Halbgott: «[...] jetzt fürcht' ich, daß es mir nicht geh' am Ende, wie dem alten Tantalus, dem mehr von Göttern ward, als er verdauen konnte.» (MA 2, 914)

Die Art, wie Hölderlin hier, ganz existenziell auf seine eigene Zukunft bezogen, von den Göttern spricht, findet sich auch in seinen Dichtungen immer wieder: Das christlich-pietistische Weltbild seiner Kindheit und Jugend, das auf den einen Vatergott hin orientiert ist, vor dem man Rechenschaft abzulegen hat, wird überlagert durch die von der griechischen Mythologie genährte Vorstellung einer Vielfalt von Göttern; diese sind keineswegs bloße Bilder und Phantasiegestalten, sondern als real wirkende Kräfte auch in der Gegenwart erfahrbar. Die zugleich demütige und selbstbewusste protestantische Haltung wird gegenüber dieser Götterwelt jedoch keineswegs abgelegt (s. Kap. V).

Offenbar sind viele der Erwartungen, aber auch der Befürchtungen, die Hölderlin mit der Frankreichreise verbunden und in dem ersten Böhlendorff-Brief artikuliert hat, in Erfüllung gegangen. Davon zeugt der zweite Brief, den er, nach Nürtingen zurückgekehrt, im Spätherbst 1802 an Böhlendorff richtet. Die Erfahrung «des südlichen Frankreichs» (MA 2, 920) fasst er so zusammen:

Das gewaltige Element, das Feuer des Himmels und die Stille der Menschen, ihr Leben in der Natur, und ihre Eingeschränktheit und Zufriedenheit, hat mich beständig ergriffen, und wie man Helden nachspricht, kann ich wohl sagen, daß mich Apollo geschlagen. (MA 2, 921)

Die existenziellen Erfahrungen, die Hölderlin auf dieser Reise gemacht hat, lassen sich für ihn nur in der Sprache der Mythologie fassen. Wie vor der Reise befürchtet, sieht er sich selbst jetzt in der Situation der von den Göttern zuerst erhobenen und dann bitter bestraften Heroen und Halbgötter. Verbunden ist das mit einer ungeheuren Erweiterung der sinnlichen Erfahrungen weit über den bis dahin ausgemessenen Kreis der deutschen Heimat hinaus: «Das Athletische der südlichen Menschen, in den Ruinen des antiquen Geistes, machte mich mit dem eigentlichen Wesen der Griechen bekannter.» (MA 2, 921) Hölderlin sieht in Südfrankreich Überreste der Bebauung aus der Zeit des Römischen Reiches, und er sieht Menschen, deren Körper der südeuropäischen Natur ausgesetzt sind und sich in dieser geformt haben; das alles fügt sich für ihn zusammen zu einem unmittelbaren Erleben dessen, was für ihn das Wesen der griechischen Antike ist, die wiederum auf die Gegenwart wie auf alle Zeiten ausstrahlt: «Der Anblik der Antiquen hat mir einen Eindruk gegeben, der mir nicht allein die Griechen verständlicher macht, sondern überhaupt das Höchste der Kunst [...].» (MA 2, 921)

Hölderlin nähert sich in diesen Passagen Winckelmann wieder an. Aber im Gegensatz zu diesem, der vom Herbst 1755 bis kurz vor seinem Tod 1768 fast durchgehend in Rom lebte, kehrt Hölderlin in seine Heimat zurück und erlebt die «heimathliche Natur» nun, durch die Erfahrung des Südens sensibilisiert, «um so mächtiger» und intensiver (MA 2, 921). Er will sich, um die durchlebten Gefährdungen und Traumata zu bewältigen – unmittelbar nach der Rückkehr erhielt er die Nachricht vom Tod Susette Gontards –, auf die Erfahrung der Heimat konzentrieren, in welche aber das Erleben des Fremden eingegangen ist. Die «Sangart», die Dichtungsweise, werde nun «überhaupt [...] einen andern Karakter nehmen, [...] weil wir, seit den Griechen, wieder anfangen, vaterländisch und natürlich, eigentlich originell zu singen» (MA 2, 922). Damit nimmt Hölderlin den Gedanken aus dem ersten Brief an Böhlendorff wieder auf, dass es darum gehe, eine Dichtung der Gegenwart zu entwickeln, die keine bloße Nachahmung der griechischen ist, sondern deren Höhe erreicht, indem sie komplementär zur Antike zu etwas Eigenständigem, Neuem gelangt. Diese beiden im zweiten Böhlendorff-Brief zur Sprache kommenden Tendenzen – unmittelbare sinnliche Erfahrung der Antike in der südeuropäischen Natur einerseits, erneute Hinwendung zur allererst zu entwickelnden ‹vaterländischen› Dichtung andererseits – prägen Hölderlins dichterisches Spätwerk ab 1801.

Hölderlins Briefe sind trotz ihrer überschaubaren Anzahl außerordentlich vielgestaltig. Es gibt von Hölderlin so gut wie keine nichtssagenden, ausschließlich der Erfüllung eines Schreibzwecks oder einem formellen Anlass dienenden Briefe; vielmehr nutzt er solche Anlässe immer dazu, sie individuell auszufüllen. Er ist von der rhetorischen Formelhaftigkeit der Briefe früherer Jahrhunderte ebenso weit entfernt wie vom empfindsamen Briefstil der zweiten Hälfte des 18. Jahrhunderts, der ebenfalls schnell zur Manier und Floskelhaftigkeit erstarrte. Das gilt auch für die meisten der Briefe an die Mutter (nimmt man die Briefe ab 1807 einmal aus), die bei aller Verhüllungs- und Ablenkungsabsicht im Hinblick auf Berufswahl und Familiengründung oft sehr viel mehr zu erkennen geben, als Hölderlin vermutlich hat preisgeben wollen.

Auch kennen wir aus Hölderlins Feder – im Gegensatz etwa zum fast gleichzeitig entstehenden Briefwerk Heinrich von Kleists – kaum monologische Briefe, die bloß der schriftlichen Selbstverständigung dienten, für welche der Adressat bestenfalls den Anlass gäbe; und wo diese Gefahr sich doch einmal in den Vordergrund drängt (wie im Brief an Neuffer vom 3.7.1799), da wird sie von Hölderlin gleich benannt und reflektiert. In den meisten Fällen erweist sich Hölderlin als ein in hohem Maße adressatenbezogener Briefschreiber, der im Briefwechsel sehnlichst die ihm in vielen Situationen fehlende Vertrautheit und Nähe, die «Psyche unter Freunden» sucht, aber ebenso «das Entstehen des Gedankens im Gespräch und Brief» (so am Schluss des zweiten Böhlendorff-Briefes, MA 2, 922), den konzentrierten Austausch über philosophische, poetologische und politische Fragen. In der zweiten Märzhälfte 1801 schreibt er aus Hauptwil an Landauer, dass das selbst gewählte «Einsamseyn» Segen und Fluch gleichermaßen für ihn ist: «Könt' ich einen Tag bei euch seyn! euch die Hände bieten!» (MA 2, 896) Und schon im Brief an Hegel vom 10.7.1794 heißt es: «Das Briefschreiben ist zwar immer nur Nothbehelf; aber doch etwas. Deswegen sollten wir es nicht ganz unterlassen.» (MA 2, 540) Diese Vielfältigkeit und starke Adressatenbezogenheit macht die große Attraktivität von Hölderlins Briefwerk aus, das von der Forschung noch längst nicht hinreichend in seiner Bedeutung für die Geschichte des Briefs in deutscher Sprache gewürdigt worden ist.

IV. Hölderlins Sprache

Hölderlins Sprache wirkt für viele Leserinnen und Leser des 21. Jahrhunderts fremdartig und fern. Zugleich sind es weniger die Inhalte, durch welche Hölderlins Texte faszinieren, sondern vielmehr deren Sprache, seine besondere Kunst und auch seine Mühe, mit Sprache zu arbeiten, Sprache zu gestalten, ja, vielleicht das Äußerste herauszuholen, was mit der deutschen Sprache auszudrücken ist. Was ist aber das Besondere an Hölderlins Sprachgestaltung?

Schon wenn man sich einen ersten Überblick über Hölderlins Texte verschafft, stellt man fest, dass er sehr viele der Gattungen und Textsorten, die zu seiner Zeit zur Verfügung standen, erprobt und eine ganze Reihe von ihnen intensiv gepflegt und weiterentwickelt hat. Neben den Briefen (s. Kap. III) sind das an erster Stelle Gedichte: einerseits (in seinem Frühwerk und in seinem spätesten Werk aus der Zeit im Tübinger Turm) gereimte Gedichte, andererseits (im Zentrum seines Werks, das in den Jahren 1797–1806 entsteht) an der antiken Metrik orientierte ungereimte Gedichte sowie oft Fragment gebliebene Hymnen in freien Rhythmen (s. Kap. X). In Versen (überwiegend in Blankversen, also in ungereimten fünfhebigen Jamben) sind auch die ebenfalls nicht vollendeten Entwürfe zu Hölderlins Trauerspiel *Der Tod des Empedokles* verfasst (s. Kap. IX.1). Hölderlins Übersetzungen, vorwiegend aus dem Altgriechischen, versuchen eine Aneignung von sehr komplizierten Verstexten in der deutschen Sprache – von Siegeshymnen und Fragmenten Pindars (s. Kap. X.4) und von zwei Tragödien des Sophokles (s. Kap. IX.2). Im Bereich der erzählenden Prosa hat Hölderlin den Roman *Hyperion oder der Eremit in Griechenland* (1797/99) vorgelegt, zu dem etliche Vorstufen, unter anderem auch eine metrische Fassung, überliefert sind (s. Kap. VIII). Meist zu Lebzeiten unpubliziert gebliebene philosophische Entwürfe und nicht leicht zu verstehende poetologische Texte, also grundsätzliche Reflexionen über Dichtung, flankieren die dichterische Produktion (s. Kap. VI).

Wenn Hölderlin sich auch von allen Gattungen am ausdauerndsten der Lyrik gewidmet hat, so hat er doch nicht wie viele andere Autoren seiner Zeit Gedichte in einer Vielzahl von lyrischen Genres geschrieben – unmöglich etwa, sich von Hölderlin ein Volkslied, eine Ballade oder ein Sonett vorzustellen. Nach Experimenten mit an Schiller angelehnten Reimstrophen hat er sich vielmehr auf wenige, aus der Antike stammende reimlose Formen konzentriert: die horazische Ode, die formstrenge Elegie in Distichen (also Doppelversen aus einem Hexameter und einem Pentameter) und die an Pindar geschulte Hymne, die im Spätwerk zu Fragmenten zerbricht. Diese Formen sind voraussetzungsreich: Um sie adäquat zu verstehen, muss man wissen, wie sie in der Antike funktioniert haben, wann und wie sie in die neueren Sprachen, insbesondere ins Deutsche, transformiert wurden und auf welche Weise sie Hölderlin schließlich anwendet. Sie sind uns darüber hinaus heute fremd geworden, da wir unter Gedichten meist entweder einen Text in gereimten Versen verstehen oder aber einen ungereimten Text, der zwar in Verszeilen abgeteilt ist, darüber hinaus aber keinerlei formaler Regelung zu unterliegen scheint. Wir sind oft nicht mehr daran gewöhnt, dass Verstexte außer dem Reim auch anderen formalen Reglements folgen können, zum Beispiel dem Prinzip der Alter-

IV. Hölderlins Sprache

nation (dem regelmäßigen Wechsel von Hebungen und Senkungen – auf jede betonte Silbe folgt eine unbetonte Silbe) oder einer zwar ungleichmäßigen, aber streng vorgegebenen Abfolge von Hebungen und Senkungen.

Der Bezug auf sprachlich-poetische Regeln und Gattungskonventionen, die uns heute ferngerückt sind, ist also ein wichtiger Grund für die Fremdheit von Hölderlins Sprache. Hinzu kommt die historische Distanz dieser Sprache zu unserer heutigen. Das beginnt schon bei der Orthographie und Interpunktion: Hölderlin benutzt ungewöhnliche Schreibweisen wie ‹Geschwäz›, ‹Gaaben›, ‹nemlich›, ‹Schiksaal›, ‹Blik›, ‹thätig›, ‹seyn›, ‹diß› und viele andere, und er folgt bei der Interpunktion, etwa bei der Setzung von Ausrufe- und Fragezeichen mitten im Satz mit anschließender Kleinschreibung, nicht den uns geläufigen Regeln. Ein Teil des Reizes, der von Hölderlins Texten ausgeht, ginge aber verloren, wenn man sie nach den je aktuell gültigen Regeln normierte; daher werden in diesem Buch Hölderlins Texte nach der *Münchner Ausgabe* zitiert, in welcher die Orthographie und Interpunktion der Quellen exakt bewahrt wird. Vergleicht man Hölderlins Texte mit manchen anderen Texten seiner Zeit, insbesondere von weniger ‹schriftkundigen› Urhebern, so wird deutlich, dass Hölderlin – ebenso wie die meisten seiner fast durchgehend akademisch gebildeten Freunde – ein präzises, fehlerfreies, klaren Regeln folgendes Deutsch schreibt.

Aber auch der kulturelle Hintergrund von Hölderlins Zeit und sein besonderer Bildungshorizont erschweren uns das Verständnis seiner Texte. Vor allem in Hölderlins altphilologische, theologische und philosophische Bildung muss man sich hineindenken, um seine Sprache zu verstehen. Das Tübinger Stift, die Gesprächskreise mit Freunden und bewunderten Älteren wie Schiller und Fichte in Jena, später in Frankfurt oder Stuttgart: Das scheinen Schmelztiegel gewesen zu sein, aus denen – nicht nur bei Hölderlin, sondern auch etwa bei Schelling und Hegel – ein neues Denken und neue Formen der Dichtung hervorgingen. Was in diese Schmelztiegel eingegangen ist und wie sie funktionierten, das hat die Forschung der vergangenen Jahrzehnte (etwa Dieter Henrich und seine Schüler) mit großem Aufwand herausgearbeitet, doch es bleibt noch viel zu entdecken.

Hinzuweisen ist schließlich auch darauf, dass Hölderlin in seine Texte, vor allem im Spätwerk der Jahre 1802–1806, zunehmend unübersetzte fremdsprachige Wendungen einflicht, etwa aus dem Altgriechischen (so in den *Anmerkungen* zu den Sophokles-Übersetzungen) oder aus dem Französischen (so in einigen der späten Gedichtfragmente). Man kann darin eine frühe Form moderner Montagetechniken sehen. An eine nur schwer zu überwindende Grenze kommt das Verständnis, wenn Hölderlin etwa 1806 (womit er in der Tat Techniken der Avantgarden des frühen 20. Jahrhunderts vorwegnimmt) unverständliche Wörter scheinbar unverbunden nebeneinandersetzt, wie in dem Notat mit dem Beginn *Tende Strömfeld Simonetta...* (MA 1, 480 f.); die neuere Forschung hat darin Exzerpte aus Jakob Christoff Iselins *Historisch- und Geographischem Allgemeinen Lexicon* (1726, 2. Auflage 1729–1744) erkannt.

Eine weitere sprachliche Barriere, die uns heute von Hölderlins Texten trennt, ist der fast durchgehend hohe Ton, durch den sich seine Dichtungen, von den wichtigen Ausnahmen der späteren und spätesten Gedichte abgesehen, auszeichnen. Als Beispiel mögen zwei Absätze aus dem *Fragment von Hyperion* (1794) dienen:

Sie wußte nicht, wie unendlich viel sie sagte, und wie ihr Bild zum Überschwenglichen sich verherrlichte, wenn das Hohe ihrer Gedanken an ihrer Stirne sich offenbarte, und der königliche Geist sich vereinigte mit der Huld des arglosen allliebenden Herzens. Es war als träte die Sonne hervor im freundlichen Aether, oder als stiege ein Gott hernieder zu einem unschuldigen Volke, wenn das Selbstständige, das Heilige neben ihrer Grazie sichtbar ward.

So lang ich bei ihr war, und ihr begeisterndes Wesen mich emporhub über alle Armuth der Menschen, vergaß ich oft auch die Sorgen und Wünsche meines dürftigen Herzens. Aber wenn ich weg war, dann verbarg ich's mir umsonst, dann klagt' es laut auf in mir, sie liebt dich nicht! Ich zürnte und kämpfte. Aber mein Gram ließ nicht ab von mir. Meine Unruhe stieg von Tag zu Tage. Je höher und mächtiger ihr Wesen über mir leuchtete, desto düsterer und verwilderter ward meine Seele.

(MA 1, 497 f.)

IV. Hölderlins Sprache

Solches Hin- und Hergeworfensein im Rausch der Gefühle kennen wohl so manche Liebende bis heute, und in der Literatur findet es sich im Genre des empfindsamen Briefromans im 18. Jahrhundert vielfach; im Deutschen ist sicherlich Goethes Roman *Die Leiden des jungen Werthers* das bekannteste Beispiel. Und doch gibt es unverkennbare Unterschiede, wenn wir etwa Werthers Brief vom 16. Juni aus dem ersten Teil des Romans zum Vergleich heranziehen: Der Ich-Erzähler Werther ist ebenfalls von seinen Gefühlen so bewegt, dass ihm die Handlungslogik streckenweise durcheinandergerät, und doch wird durchgehend erzählt, was ihm auf dem Ball (sogar Tanz für Tanz) und im Anschluss daran während des Gewitters mit Lotte widerfahren ist. Solche Handlungselemente treten aber bei Hölderlin signifikant in den Hintergrund: Wir erfahren – jedenfalls in der obigen Passage, die zwar ein Extrem darstellt, aber durchaus nicht untypisch für das *Fragment von Hyperion* ist – eigentlich nichts über konkrete Treffen der beiden Protagonisten, sondern nur etwas über bestimmte Merkmale ihrer Begegnungen überhaupt. Wir hören auch nichts Genaues vom Verhalten der Geliebten, geschweige denn, dass konkrete Äußerungen von ihr wiedergegeben würden, sondern der Ich-Erzähler hält uns ganz in seiner Gefühlswelt gefangen; allein seine Gefühle, seine Reaktionen auf die Geliebte und seine Wertungen sind Gegenstand seiner Äußerungen in dieser Passage. Strukturierend sind hier und im ganzen *Fragment von Hyperion*, in etwas abgeschwächter Form auch im fertigen Roman, ja in Hölderlins Gesamtwerk äußerste Gegensätze: höchste Höhen und tiefste Tiefen, zwischen denen es keine mittlere Ebene, keinen Ausgleich und keinerlei Gleichgewicht zu geben scheint. Der Sprecher sieht sich diesen gegensätzlichsten Gefühlen nahezu hilflos ausgeliefert; er gibt nach anfänglichem Widerstand die Subjekt-Position an seine Gefühle ab: «Ich zürnte und kämpfte. Aber mein Gram lies nicht ab von mir. Meine Unruhe stieg von Tag zu Tage.» Und er zieht den Leser in seine Gefühlswelt hinein. Lässt man sich darauf ein, sieht man sich bei der Lektüre ebenso rückhaltlos dem Wechsel der Emotionen ausgeliefert. Das ist faszinierend, kann aber auch anstrengend sein und Widerstände beim Lesen provozieren. Weigert man sich, mit dem Ich-Erzähler mitzugehen, so wirken dessen Verhalten und Selbstdarstellung schnell lächerlich, und man gelangt leicht zu dem Schluss, sie mit den Mitteln heutiger Psychopathologie als manisch-depressiv abzutun.

Dass das Zerrissensein zwischen äußersten Gegensätzen, zwischen höchster Euphorie und tiefster Niedergeschlagenheit, ein Grundprinzip von Hölderlins Texten ist, das sie so reizvoll, aufregend und schwer verdaulich zugleich macht, zeigt auch sein wohl berühmtestes Gedicht. Es erschien als siebtes in einer Gruppe von neun Gedichten (oft *Nachtgesänge* genannt) in dem von Friedrich Wilmans herausgegebenen *Taschenbuch für das Jahr 1805*:

> Hälfte des Lebens.
>
> Mit gelben Birnen hänget
> Und voll mit wilden Rosen
> Das Land in den See,
> Ihr holden Schwäne,
> Und trunken von Küssen
> Tunkt ihr das Haupt
> Ins heilignüchterne Wasser.
>
> Weh mir, wo nehm' ich, wenn
> Es Winter ist, die Blumen, und wo
> Den Sonnenschein,
> Und Schatten der Erde?
> Die Mauern stehn
> Sprachlos und kalt, im Winde
> Klirren die Fahnen. (MA 1, 445)

Hölderlins Sprache ist hier alles andere als ‹schwierig› in dem Sinne, dass er heute ungewohnte Sprachformen, Fremdwörter oder einen verwickelten Satzbau verwenden würde; allein das neu gebildete Kompositum ‹heilignüchtern›, das scheinbar unvereinbare Gegensätze zusammenzwingt, fällt innerhalb des schlichten Vokabulars auf. Ansonsten werden mit dem Mittel der Parataxe, der syntaktischen Aneinanderreihung vornehmlich von Hauptsätzen, ebenso einfache wie eindrucksvolle Bilder der Natur und des Ich, das sich in dieser Natur zu orientieren versucht, entfaltet. Theodor W. Adorno (1997) hat die *Parataxis* in einem gleichnamigen Aufsatz sogar als Grundprinzip des Denkens und der sprachlichen Form beim späten Hölderlin herauszuarbeiten versucht.

Das Hauptproblem des Gedichts aber – und damit auch sein größter Reiz – liegt in der Mitte, in der Leere, der Fuge zwischen den beiden Strophen, die offenbar für die Titel gebende *Hälfte des Lebens* steht. Das Einssein mit der sommerlich-heiteren Natur, das in der ersten Strophe entfaltet wird, in der kein Ich zur Sprache kommt, geht in dieser Mitte verloren, auf welche die rückhaltlose Klage des Ich folgt, das sich in der Kälte und Sprachlosigkeit der winterlichen Umgebung verloren sieht. Nicht allein dieses düstere winterliche Bild ist es, was das Bedrohliche des Gedichts ausmacht, sondern weit mehr noch die ungeklärte Frage, wie die beiden Strophen zusammenhängen, was also die Leere zwischen ihnen zu bedeuten hat. Kaum lässt sich diese Leere so auflösen, dass hier ein Sprecher in der sommerlichen Landschaft aufgeht und dabei eine düstere Vision vom künftigen Winter hat, auf den ja auch wieder ein Sommer folgen wird. *Hälfte des Lebens* heißt vielmehr, dass das Leben ein für alle Mal zerteilt ist und dass die zweite Hälfte die winterliche zu sein droht, in welcher der Sommer unwiederbringlich verloren ist. Ganz anders verwendet Hölderlin den Ausdruck noch wenige Jahre zuvor, im Brief an seinen Bruder vom Jahreswechsel 1800/01: Die Aussicht auf den bevorstehenden Frieden lässt ihn dort «vorzüglich mit Heiterkeit […] in die zweite Hälfte meines Lebens hinaussehn» (MA 2, 884). Dagegen konstruiert das Gedicht *Hälfte des Lebens* auf knappstem Raum und mit scheinbar einfachen poetischen Mitteln (die in Wahrheit sehr viel komplizierter sind, wie Winfried Menninghaus 2005 gezeigt hat) eine ganze von äußersten Gegensätzen zerrissene Welt- und Lebensauffassung. Allerdings steht dieses späte Gedicht in Hölderlins Dichtung ziemlich allein – nicht in der Zerrissenheit, die es zur Sprache bringt, aber in seinen Ausdrucksmitteln. Die einfachen, oft auch schönen Bilder, die sich bei Hölderlin immer wieder finden, sind in den meisten anderen Texten in sehr viel umfangreichere und komplexere Zusammenhänge eingelassen.

V. Hölderlins Götter und Mythen

Hölderlins Welt ist durchgängig eine von Göttern geprägte Welt. In seiner Kindheit ist es selbstverständlich das christliche, insbesondere das pietistische Weltbild, das ihn formt und in das er sich einzupassen versucht. Der erste von Hölderlin überlieferte Brief ist im November 1785 aus Denkendorf an seinen vormaligen Privatlehrer, den Diakon Nathanael Köstlin in Nürtingen, gerichtet. Der 15-Jährige legt darin Rechenschaft ab von dem nicht immer einfachen Versuch, «der rechte Christ» und «nicht ein wankelmüthiger Schwärmer» zu werden (MA 2, 393 f.): «Ich weiß gewiß Gott wird durch seinen h.[eiligen] Geist mein Herz leiten; und nun bitte ich *Sie* gehorsamst, *Theuerster HE.[rr] Helffer*, seyn *Sie* mein Führer, mein Vater, mein Freund [...]» (MA 2, 394). Aufschlussreich ist, dass in dieser individualisierten Fassung der Dreieinigkeitsvorstellung neben Vatergott und Heiligen Geist nicht etwa der Gottessohn als dritte Instanz tritt, sondern der weltliche Hirte, der in der kirchlichen Hierarchie ganz unten stehende Hilfsgeistliche oder «Helffer», der dennoch für den jungen Hölderlin die leere Stelle des Vaters auszufüllen verspricht.

Doch sollte dieses Lebens- und Glaubensmodell für Hölderlin nur kurze Zeit verbindlich bleiben; es handelt sich hier nicht nur um den ersten, sondern auch um den einzigen überlieferten Brief an Köstlin, der für Hölderlin offensichtlich mit zunehmendem Vorankommen in den Bildungsinstitutionen schnell an Bedeutung verlor. Insbesondere am Tübinger Stift lernt Hölderlin neben der protestantischen Orthodoxie auch aktuelle Forschungen zur geschichtlichen Dimension der Bibel kennen. Eine wichtige Rolle kommt dabei den Schriften Herders zu, in welchen dem zeitgenössischen Publikum eine Vielfalt religiöser Modelle und Verhaltensweisen aus dem Umkreis des Alten Testaments anschaulich vor Augen geführt wird (*Die älteste Urkunde des Menschengeschlechts*, 1774/76). Ein Dokument dieser über den christlichen Umkreis hinaus erweiterten Perspektive ist die eine der beiden Arbeiten (‹Magisterspecimina›), die Hölderlin 1790 zum Abschluss des ersten Teils seines Studiums vorgelegt hat, der *Versuch einer Parallele zwischen Salomons Sprüchwörtern und Hesiods Werken und Tagen*; er ist Christian Friedrich Schnurrer (1742–1822), Professor für orientalische Sprachen und zugleich Ephorus, also Leiter, des Tübinger Stifts, gewidmet. Die Parallele ist eine literarische Form, die auf den späthellenistischen griechischen Autor Plutarch (1./2. Jh. n. Chr.) zurückgeht, der in seinen *Doppelbiographien* je einen griechischen und einen römischen Feldherrn oder Staatsmann miteinander vergleicht. So vergleicht Hölderlin hier einen alttestamentlichen und einen ‹heidnischen› Text der griechischen Antike miteinander – ein Verfahren, das wenige Jahre zuvor im Kontext der protestantischen Orthodoxie noch undenkbar gewesen wäre, sich nunmehr aber offenbar im Rahmen des am Tübinger Stift Zulässigen bewegt. Zugleich gehen in Hölderlins ab 1790 entstehende Tübinger Hymnen (s. Kap. X.1) zunehmend Götter und andere Gestalten der griechischen Mythologie ein.

Die Rede von dem Einen christlichen Gott und den vielen griechischen Göttern (die immer wieder auch mit ihren römischen Namen genannt werden) sowie die Frage, wie diese beiden Bereiche des Göttlichen zusammenpassen, werden sich von nun an durch Hölderlins ganzes dichterisches Werk und auch durch seine poetologischen und kulturgeschichtlichen Reflexionen ziehen. Sie waren offenbar auch schon Gegenstand von Diskussionen Hölderlins mit Schelling und Hegel am Tübinger Stift, wie die «Loosung – Reich Gottes!» (MA 2, 540) dokumentiert (s. Kap. II, S. 18–20). Hegel verfasst in Bern 1793-1796, aber auch in Frankfurt 1797–1800, dort wieder im persönlichen Austausch mit Hölderlin, etliche Entwürfe zum

Thema, die schließlich in dem Frankfurter Konvolut *Der Geist des Christentums und sein Schicksal* münden.

1796 oder 1797 entsteht auch ein Text, der als Fragment auf der Vorder- und Rückseite eines Blattes in der Handschrift Hegels überliefert ist, lange verschollen war und erst 1917 von dem jüdischen Religionsphilosophen Franz Rosenzweig unter dem vom Herausgeber gewählten Titel *Das älteste Systemprogramm des deutschen Idealismus* ediert wurde. Die Autorschaft ist umstritten: Natürlich drängt sich zunächst Hegel auf, der den Text ja niedergeschrieben hat – doch könnte es sich auch um eine bloße Abschrift handeln. Rosenzweig nahm Schelling als Autor an, da die Argumentationsgänge des Textes besser in die Gedankenwelt des jungen Schelling als in diejenige Hegels zu dieser Zeit passten. In den 1920er Jahren votierte der Hölderlin-Forscher Wilhelm Böhm vehement für Hölderlin als Urheber des *Systemprogramms*; dagegen plädierte Ludwig Strauß (1998) nur noch dafür, *Hölderlins Anteil an Schellings frühem Systemprogramm* anzuerkennen. Seit den 1960er Jahren jedoch nehmen die Hegel-Forscher Otto Pöggeler und Dieter Henrich mit ihren Anhängern sicher Hegel als Verfasser an. Die Frage ist noch immer nicht abschließend geklärt und vielleicht nie ganz zu klären (vgl. Jamme/Schneider 1983; Hansen 1989).

Allerdings kommt ihr auch keine so zentrale Bedeutung zu, wie die meisten Forscher bislang annahmen. Jedenfalls ist der Text auf keinen der drei Autoren allein als Urheber zurückzuführen; ein wesentliches Argument dafür ist, dass sich bei keinem der drei Tübinger Absolventen in ihren gleichzeitig entstandenen Texten die Gedankengänge des *Systemprogramms* in dieser Zusammenstellung finden. Der Text kann als eine programmatische Umsetzung der im Tübinger Stift und – mit Unterbrechungen – in den Jahren 1794–1797 zwischen Hegel, Schelling und Hölderlin mündlich und schriftlich diskutierten Ideen angesehen werden, also als Produkt eines gemeinsamen Denkens und Schreibens, das die Jenaer Frühromantiker um die Brüder Schlegel ab 1798 ‹Symphilosophieren› nennen. Das gilt auch, obwohl die Studienfreunde nach 1793 nicht mehr zu dritt zusammenkommen. Gerade weil Schelling und Hegel sich da-

V. Hölderlins Götter und Mythen

mals wegen ihrer jeweiligen beruflichen Bindungen nicht persönlich treffen, kann der häufig seinen Aufenthaltsort wechselnde Hölderlin als Vermittler zwischen ihnen fungiert haben.

Der Text (im Folgenden zitiert nach FHA 14, 14–17) setzt unvermittelt ein; offenbar fehlt der Anfang. Er entwirft zunächst, jeweils in wenigen Sätzen und aus der Sicht eines selbstbewussten Ich, wie es für die idealistische Philosophie Johann Gottlieb Fichtes und seines Schülers Schelling (*Vom Ich als Princip der Philosophie oder über das Unbedingte im menschlichen Wissen*, 1795) charakteristisch ist, «eine Ethik» im Sinne einer umfassenden Lehre vom menschlichen Handeln und eine «Physik» im Sinne einer Lehre von der gesamten äußeren Welt. Es schließt sich eine anarchistisch ausgerichtete Staatslehre an, in welcher die aufklärerischen Staatsvorstellungen schroff als mechanistisch kritisiert werden: «Denn jeder Staat muß freie Menschen als mechanisches Räderwerk behandeln; u. das soll er nicht; also soll er *aufhören*.» Nach der Skizze einer von Herder (*Ideen zur Philosophie der Geschichte der Menschheit*, 1784–1791) inspirierten «*Geschichte der Menschheit*» geht der Sprecher des Textes zur «Idee der *Schönheit* [...] in höherem platonischem Sinne» und damit zur «ästhetische[n] Philos.[ophie]» über:

Die Poësie bekömmt dadurch e[ine] höhere Würde, sie wird am Ende wieder, was sie am Anfang war – *Lehrerin der* [gestrichen: *Geschichte*] *Menschheit*; denn es gibt keine Philosophie, keine Geschichte mehr, die Dichtkunst allein wird alle übrigen Wissenschaften u. Künste überleben. [...] Monotheismus der Vern.[unft] u. des Herzens, Polytheismus der Einbildungskraft u. der Kunst, dis ists, was wir bedürfen!

Die Passage ist geprägt vom höchsten Selbstbewusstsein des Sprechers, der sich sicher ist, an der Spitze des Denkens seiner Zeit zu stehen: Der von Kant und Fichte vertretene Primat der Philosophie sei ebenso überwunden wie der von Herder behauptete Vorrang der Geschichte. An deren Stelle trete eine Kunst, die von dem ganzen Wissen ihrer Zeit durchtränkt sei und in deren Zentrum die Dichtkunst oder Poesie stehe. Allein in ihr vereinigten sich Einheit und Vielfalt des Verhaltens zur Welt, für welche der Sprecher die religiösen Modelle des Monotheismus und des Polytheismus heranzieht; Ersterer ist nun kein christlicher mehr, sondern ein «Monotheismus der Vernunft», und auch der Polytheismus ist kein theologischer mehr, sondern steht für die Vielfalt und zugleich Verbindlichkeit der Künste und der einzelnen Kunstwerke. Wie soll die Kunst aber diesem übergroßen Anspruch gerecht werden? Auch darauf hat der Sprecher des Textes eine Antwort parat:

Zuerst werde ich hier von einer Idee sprechen, die soviel ich weiß, noch in keines Menschen Sinn gekommen ist – wir müssen eine neue Mythologie haben, diese Mythologie aber muß im Dienste der Ideen stehen, sie mus e[ine] Mythologie der *Vernunft* werden.

Erst wenn diese «neue Mythologie» sich allgemein, unter den Philosophen wie auch im «Volk», verbreitet habe, trete ein lange ersehnter Zustand allgemeinen Friedens ein:

Dann herrscht ewige Einheit unter uns. [...] Keine Kraft wird mehr unterdrükt werden, dann herrscht allgemeine Freiheit und Gleichheit der Geister! – Ein höherer Geist vom Himmel gesandt, muß diese neue Religion unter uns stiften, sie wird das lezte, gröste Werk der Menschheit seyn.

Der Text formuliert also die «Loosung – Reich Gottes!» aus, an die Hölderlin seinen Freund Hegel im Brief vom 10.7.1794 erinnert hat. Es soll ein «Reich Gottes» auf Erden werden, das strukturell auf den Bericht von der pfingstlichen «Ausgießung des Heiligen Geistes» in der neutestamentlichen *Apostelgeschichte* (2,4) zurückgreifen kann. Auch die Naherwartung der frühen Christenheit – mit der sich Hegel gleichzeitig in seinem Manuskript *Die Positivität der christlichen Religion* (um 1795/96) beschäftigt –, dass die Rückkehr des Messias unmittelbar bevorstehe, fließt in die hier entwickelten Vorstellungen ein. Doch wird diese religiöse Vorstellungswelt zugleich aufgefüllt mit von der Französischen Revolution inspirierten politischen Ideen einer «allgemeine[n] Freiheit und Gleichheit», die zwar eine «der Geister» ist, die aber nicht ohne eine zugleich bestehende Freiheit und Gleichheit der Körper gedacht werden kann. Die treibende Kraft hinter all dem ist jedoch nicht etwa eine politische Idee, sondern eine «ästhetisch[e] d. h. mythologisch[e]», nämlich die bislang ganz unerhörte Idee der «neuen Mythologie», die eine «Mythologie der Vernunft» sein soll. Was heißt das?

Eine Mythologie ist ein System von Mythen, ebenso auch die Lehre von diesen Mythen. Das griechische Wort ‹Mythos› bedeutet Rede oder Erzählung. Gemeint ist damit insbesondere eine Erzählung, die für ein bestimmtes Kollektiv, meist die Angehörigen einer Sprach- und Kulturgemeinschaft, einen Sinn stiftet, an den alle Beteiligten glauben, der aber nicht beweisbar ist. Die bekannteste Gruppe solcher Erzählungen sind die antiken griechischen Götter- und Heldengeschichten, wie sie in den frühen Epen von Homer (8. Jh. v. Chr.) und Hesiod (8./7. Jh. v. Chr.) zuerst verbindlich ausformuliert wurden. In der *Ilias* und in der *Odyssee* ist es ein innerhalb der erzählten Realität unhinterfragtes Faktum, dass es die Götter nicht nur gibt, sondern dass sie auch handelnd und lenkend in das menschliche Geschehen eingreifen. Vergleicht man damit die griechischen Tragödien des klassischen Zeitalters, also die von Aischylos (6./5. Jh. v. Chr.), Sophokles und Euripides (beide 5. Jh. v. Chr.), so wird deutlich, dass die Götter immer weiter zurückgedrängt werden. Die Mythologie wird im Prozess zunehmender Säkularisierung schon im Verlauf der Antike, erst recht bei den Römern, zu einem System von Namen und Vorstellungen, deren Wirksamkeit zunehmend schwindet. Der eine Gott der monotheistischen Religionen Judentum, Christentum und Islam duldet erst recht keine anderen Götter neben sich. Im neuzeitlichen Prozess der Aufklärung wird dann auch dieser Gott weiter und weiter an den Rand gedrängt.

Die Autoren des *Systemprogramms* stellen nun fest, dass damit auch der Zusammenhalt der Gesellschaften in der Gegenwart verloren zu gehen droht. Die gewalttätigen Auswüchse der Französischen Revolution und das starre Festhalten an der Fürstenherrschaft in Deutschland bieten dafür sehr unterschiedliche, aber gleichermaßen stichhaltige Belege. Als Vertreter der um 1795 jungen, zugleich hoch gebildeten und immens kreativen Generation fordern die Autoren, dass alles anders werden müsse. Die Erfahrung funktionierender Kommunikation und Gemeinschaft im kleinen Kreis der Freunde gibt ihnen die Sicherheit, dass radikale geistige und damit auch politische Veränderung in Deutschland möglich ist. Als Philosophen, Theologen und Künstler in Personalunion sind sie bereit, das Ihre dazu beizutragen, also die geforderte «neue Mythologie» zu schaffen. Man kann sich das vielleicht so vorstellen, dass Dichtungen und philosophische Texte geschrieben, publiziert und verbreitet werden sollten, durch welche die Gebildeten ebenso wie die breiteren Massen mit neuen Ideen und Vorstellungswelten versorgt und dadurch zur Veränderung ihres gewohnten Lebens bewogen werden sollten. Vor allem geht es darum, neue Leitfiguren zu entwerfen, an denen man sich in der Gegenwart orientieren kann, so wie in der Antike an Göttern wie Apollon und Heroen wie Herakles oder Ajax. Eine historische Figur wie Napoleon Bonaparte, der in diesen Jahren seinen rasanten Aufstieg beginnt, ist dazu für die deutschen Intellektuellen bei aller Bewunderung, die sie für ihn hegen, jedoch nur bedingt geeignet, weil er die Identität der deutschen Nation zunehmend gefährdet und schließlich beinahe zerstört.

Die Aufbruchsstimmung, die aus dem Fragment spricht, ist immens und bis heute aufrüttelnd. Die Autoren stehen damit jedoch nicht allein: Etwa zwei Jahre nach Entstehung des Textes – ab 1798, also gerade zu der Zeit, als Schelling in Jena eintrifft – verbreiten die in Jena versammelten Frühromantiker um die Brüder Schlegel in ihrer Zeitschrift *Athenaeum* ähnliche Vorstellungen. Insbesondere formuliert Friedrich Schlegel in einem seiner zentralen poetologischen Texte dieser Zeit, dem *Gespräch über die Poesie*, ebenfalls den Begriff einer ‹neuen Mythologie›. Der Kunst und der Philosophie werden auch in diesem Kreis immense Wirkungsmöglichkeiten in der Gegenwart zugeschrieben; Schlegels *Athenaeum*-Fragment 216 ist dafür der wichtigste Beleg: «Die Französische Revoluzion, Fichte's Wissenschaftslehre, und Goethe's [Wilhelm] Meister sind die größten Tendenzen des Zeitalters.» Vermutlich ist Schelling derjenige, der das Konzept der ‹neuen Mythologie› aus den Gesprächen mit Hegel und Hölderlin nach Jena brachte.

Zwischen Hegel, Hölderlin und Schelling jedoch besteht nach der Zeit, in der das *Systemprogramm* entstand, keine Gemeinschaft mehr; die ehemaligen Freunde streben nunmehr unwiderruflich auseinander. Das heißt aber nicht, dass der Text keine Wirkung auf ihre weitere Tätigkeit ausgeübt hätte. Vielmehr versuchen die drei jungen Denker das, was im *Systemprogramm* noch zusammengedacht ist, nun auf unterschiedlichen Wegen zu realisieren: Hegel betreibt zunächst weitere religionsphilosophische und -geschichtliche Studien, um später der Ästhetik eine zentrale Rolle in dem System seiner Philosophie des Geistes zuzuweisen. Schelling macht den Gedanken der ‹neuen Mythologie› zu einem zentralen Baustein am Schluss seines Jenaer Hauptwerkes, des *Systems des transzendentalen Idealismus* (1800), und schließt daran in seinem Spätwerk ab 1841 umfangreiche Vorlesungen zur *Philosophie der Mythologie* und zur *Philosophie der Offenbarung* an. Hölderlin aber geht den Weg des Dichters, der seine poetische Produktion stets mit philosophischen Reflexionen begleitet.

Der etwa 1796 entstandene Text, den man in den älteren Ausgaben *Über Religion* nannte und der in der FHA und der MA *Fragment philosophischer Briefe* heißt, entwickelt Gedanken, die denjenigen des *Systemprogramms* in hohem Maße ähneln. Zu beachten ist allerdings, dass Hölderlin den Begriff ‹neue Mythologie› hier nicht verwendet; diese Formulierung ist also offenbar Schelling zuzuschreiben. Doch sind die beiden fragmentarischen Texte Dokumente einer Bewegung «von der Philosophie auf Poesie und Religion» (MA 2, 615) hin, wie Hölderlin am 24.2.1796 an Niethammer schreibt, für dessen *Philosophisches Journal* das *Fragment philosophischer Briefe* wohl vorgesehen war. Hölderlin kündigt hier *Neue Briefe über die ästhetische Erziehung des Menschen* (MA 2, 615) an und will damit offenbar Schillers Briefe *Über die ästhetische Erziehung des Menschen* (1793) fortsetzen und zugleich übersteigern. Der neue Gedanke ist hier wie im *Systemprogramm* nicht die zentrale Rolle der Kunst, die sich bei Schiller auch findet, sondern die Einheit von Poesie (als höchster Form der Kunst) und Religion.

Der Text setzt mit grundsätzlichen Aussagen zur Religion ein:

> Weder aus sich selbst allein, noch einzig aus den Gegenständen, die ihn umgeben, kann der Mensch erfahren, daß mehr als Maschinengang, daß ein Geist, ein Gott, ist in der Welt, aber wohl in einer lebendigeren, über die Nothdurft erhabnen Beziehung, in der er stehet mit dem was ihn umgiebt.
>
> Und jeder hätte demnach seinen eigenen Gott, in so ferne jeder seine eigene Sphäre hat, in der er wirkt und die er erfährt, und nur in so ferne mehrere Menschen eine gemeinschaftliche Sphäre haben, in der sie menschlich, d. h. über die Nothdurft erhaben wirken und leiden, nur in so ferne haben sie eine gemeinschaftliche Gottheit; und wenn es eine Sphäre giebt, in der zugleich alle Menschen leben, und mit der sie in mehr als nothdürftiger Beziehung sich fühlen, dann, aber auch nur in so ferne, haben sie alle eine gemeinschaftliche Gottheit. (MA 2, 51 f.)

Wie im *Systemprogramm* wird die Vorstellung, das Zusammenleben der Menschen funktioniere als «mechanisches Räderwerk» oder «Maschinengang», scharf zurückgewiesen, da sie auf der Ebene der «Nothdurft», der bloßen Lebenserhaltung, stehen bleibe. Das lebendige Zusammenwirken mit seiner nichtmateriellen Umgebung lässt den Menschen dagegen erfahren, «daß ein Geist, ein Gott, ist in der Welt»; beide Begriffe werden hier offenbar gleichgesetzt. Dieses Zusammenwirken zwischen dem Individuum und seiner geistigen Umgebung bezeichnet Hölderlin mit dem griechischen Wort für ‹Kugel› als ‹Sphäre›; er folgt damit Herders Anthropologie und Fichtes Theorie der Person. Die Gemeinschaft zwischen Menschen wird als Vereinigung von deren Sphären vorgestellt, bis hin zu einer möglichen Gemeinsamkeit aller Menschen. Und dieses sich aus den Schnittmengen der je individuellen Sphären zusammensetzende Gemeinsame wird als ‹Gott› bezeichnet. Damit findet Hölderlin – ähnlich wie wenig später Friedrich Schleiermacher (*Reden über die Religion*, 1799) – einen undogmatischen Gottesbeweis, der ganz diesseitig aus der anthropologischen Beschaffenheit des menschlichen Zusammenlebens abgeleitet ist. Im weiteren Verlauf des Fragments nennt Hölderlin seine Neubegründung der «zartern und unendlichern Verhältnisse» zwischen den Menschen eine «höhere Aufklärung» (MA 2, 55).

Erst am Ende des Textes, in den – aufgrund ihrer Skizzenhaftigkeit schwer zu verstehenden – «Winke[n] zur Fortsezung», kommt Hölderlin ausdrücklich auf die Kunst zu sprechen; dabei klingen deutlich Gedanken des *Systemprogramms* an: «So wäre alle Religion ihrem Wesen nach poetisch.» (MA 2, 57) Die «religiöse[n] Verhältnisse» werden abgesetzt von den «rechtlichen» oder «mechanischen» Verhältnissen der Alltagswelt; sie werden vielmehr auf der «intellectuell historisch[en]» Ebene angesiedelt und als «*Mythisch*» bezeichnet (MA 2, 56). In je unterschiedlicher Weise werde in Drama und Epos die «Mythe» gestaltet (das «lyrischmythische» wird nur in einer Fußnote erwähnt); im Mittelpunkt des Kunstwerks, von dem hier die Rede ist, müsse aber die «eigentliche[] Hauptparthie», der «*Gott der Mythe*», stehen (MA 2, 56). Bemerkenswert ist, dass Hölderlin an dieser Stelle schon sehr früh (1796) die Vorstellung von den drei großen Gattungen Epos, Drama und Lyrik voraussetzt, die erst ab 1798 August Wilhelm Schlegel durchzusetzen beginnt (s. Kap. VI, S. 60). Das besonders Innovative an dieser Passage aber ist, dass im Zentrum des Kunstwerks ein «Gott der Mythe» gedacht wird, in dem Religion und Kunst eine neue Verbindung eingehen. Das erst noch zu schaffende große Kunstwerk der Zeit wird in solchen Gedankengängen mit einem außerordentlich großen Anspruch befrachtet: Es soll nicht nur schön sein, sondern zugleich gemeinschaftsstiftend wirken und damit zu weiten Teilen religiöse – und in einem höheren Sinne auch politische – Funktionen übernehmen.

Hölderlin will, wie er in den folgenden Jahren immer wieder deutlich macht, Kunstwerke schaffen, die allerhöchsten Ansprüchen genügen und daher größte Wirkung haben. Dabei versteht er die Religion ebenso wie die Kunst nicht als eine Bewegung aus der Zeit und aus der Alltagswelt heraus, sondern er will in diese hineinwirken, wie er in den 1804 erschienenen *Anmerkungen zur Antigonä* sagt: Das «*Streben aus dieser Welt in die andre*» sei «zu kehren *zu einem Streben aus einer andern Welt in diese. Wir müssen die Mythe nemlich überall beweisbarer darstellen.*» (MA 2, 372) Damit erweist sich Hölderlin noch in dieser späten Veröffentlichung als Verfechter der Aufklärung, der diese aber nicht mechanistisch reduziert, sondern mit einer den Menschen zugewandten Religion und Kunst angereichert wissen will.

Wie setzt Hölderlin diese Konzeption von Religion, Gott und Mythos in seinen dichterischen Texten um? In Tübingen, um 1791, schreibt er die *Hymne an den Genius Griechenlands*, die erst 1829 gedruckt werden wird; die Entwürfe schwanken zwischen freirhythmischen Versen und an Schiller orientierten Reimstrophen. Schließlich entscheidet sich Hölderlin in der ausgeführten, 61 Verse langen Fassung für freie Rhythmen. Damit gleicht er sich Klopstocks poetischer Sprechweise an; das Gedicht liest sich bis in die Interjektionen und die raschen Wendungen der Blickrichtung hinein wie eine Weiterdichtung von Klopstocks *Frühlingsfeyer* in der Erstfassung von 1759 (s. Kap. X.4, S. 116). Und doch gibt es spezifische Unterschiede: Bewegt sich Klopstock ganz in einem pantheistisch erweiterten christlichen Horizont, so beschränkt sich Hölderlin hier streng auf den Fokus des antiken Griechenlands; dabei scheint er Schillers Abschied vom griechischen Götterhimmel in *Die Götter Griechenlandes* (1788) widerrufen zu wollen. Wie fünf Jahre später in den philosophischen Fragmenten ausgeführt, wird der «Genius» (dort «ein Geist, ein Gott» genannt) in der «gemeinschaftlichen Sphäre» seiner Bewohner aufgesucht; dieser «Genius» ist demnach eine Art griechischer Gott, zugleich aber auch der Gott der Dichter, denn «du schuffest Homeros Gesang» (MA 1, 118, V. 61). Von den «Genien» als den «Gemeingeistern» einer Kultur und Region ist bei Hölderlin auch weiterhin die Rede, so z. B. von den «Genien des Landes» in der Elegie *Stutgard* aus dem Herbst 1800 (MA 1, 311, V. 91).

Hölderlins poetische Rede von Gott und den Göttern mutet uns einiges zu: Sie werden als zwar gefährdete, aber lebendige und höchst wirksame Kräfte auch und gerade in der neuzeitlichen Wirklichkeit erfahrbar gemacht. Hölderlin überwindet damit zugleich Schillers Rede vom Tod der antiken Götter und Klopstocks monotheistischen Jubel. Demgegenüber möchte er alles zugleich denken und poetisch gestalten. So ist Christus in der Fragment gebliebenen späten Hymne *Der Einzige* gerade nicht der einzige Gott oder zumindest Gottessohn, sondern er ist «Herakles Bruder» und «Bruder auch des Eviers» Dionysos (MA 1, 389, V. 51 und 53). Doch diese Vergleiche erfüllen den Sprecher des Gedichts mit «Schaam» (MA 1, 389, V. 60); er versucht in verzweifeltem Ringen mit sich und seiner übergroßen dichterischen Aufgabe vergeblich, eine Lösung zu finden:

> Es hänget aber an Einem
> Die Liebe. Diesesmal
> Ist nemlich vom eigenen Herzen
> Zu sehr gegangen der Gesang,
> Gut will ich aber machen
> Den Fehl, mit nächstem
> Wenn ich noch andere singe.
> Nie treff ich, wie ich wünsche,
> Das Maas. Ein Gott weiß aber
> Wenn kommet, was ich wünsche das Beste.
> Denn wie der Meister
> Gewandelt auf Erden (MA 1, 389 f., V. 66–77)

Hier bricht dieses Segment des Gedichts ab. Gerade im scheinbaren Scheitern kommen in solchen Passagen die Möglichkeiten und unüberwindlichen Schwierigkeiten der Rede von Gott und vom Göttlichen am intensivsten zum Ausdruck.

VI. Hölderlins Philosophie und Poetik

Hölderlin dichtet zwar schon seit seinen Jugendtagen; dass er aber einmal den *Dichterberuf* (wie eine seiner Oden überschrieben ist) als alleinige Profession ergreifen würde, steht lange Zeit nicht fest. Er versucht jedoch mehrmals ohne Erfolg, Alternativen zum Beruf des evangelischen Pfarrers zu finden: als Zeitschriftenherausgeber (1799), als Universitätsdozent für Philosophie (1795) und griechische Literatur (1801). Im Zusammenhang mit dem Zeitschriftenprojekt und den beiden akademischen Initiativen sind Aufsätze Hölderlins entstanden, die ihren eigenen Wert als theoretische und wissenschaftliche Texte haben. Dazwischen schreibt Hölderlin immer wieder auch poetologische Texte als Ausgangspunkt und Reflexion seiner dichterischen Produktion.

Im Zentrum von Hölderlins Philosophie steht ein einziger kurzer fragmentarischer Text aus dem Jenaer Frühjahr 1795, der erst 1961 von Friedrich Beißner in der StA unter dem vom Herausgeber stammenden Titel *Urtheil und Seyn* veröffentlicht wurde. In der FHA und der MA wird der Text dagegen *Seyn, Urtheil, Modalität* genannt. Dieter Henrich (1965/66) hat die epochale Bedeutung dieses Hölderlin-Textes für die Entstehung der Philosophie des deutschen Idealismus herausgearbeitet. Insbesondere habe Hölderlin Hegel einen Weg zur Überwindung der Fichte'schen Ich-Philosophie und damit zur Herausbildung seines eigenen idealistischen Systems gewiesen (Henrich 1971).

Was ist der grundlegend neue Gedanke in diesem Text? Ausgangspunkt der kritischen Philosophie Kants ist der Satz: «Das: *Ich denke*, muß alle meine Vorstellungen begleiten *können*» (*Critik der reinen Vernunft*, 2. Auflage 1787 [= B], S. 131). Das heißt, wir können im Gegensatz zu den Grundannahmen aller vorhergehenden Metaphysik die Wirklichkeit, wie sie an sich ist, nicht erkennen, sondern immer nur so, wie sie für uns, in unseren Vorstellungen, erscheint. Fichte radikalisiert diesen Gedanken und reduziert das ‹Ich denke› zum ‹Ich›, das für ihn am Anfangspunkt aller Weltkonstitution steht, die sich somit als Setzung eines ‹Nicht-Ich› durch das Ich darstellt – die radikalste Form des Idealismus, eine Weltschöpfung allein aus dem Geist des ‹Ich›. Hölderlin geht diese Schritte nicht mit, fällt damit aber keineswegs auf den Stand der vorkantischen Metaphysik zurück. Vielmehr erkennt er die Notwendigkeit des ‹Ich denke› an und bezeichnet dieses mit der logischen Kategorie des ‹Urteils›:

Urtheil. ist im höchsten und strengsten Sinne die ursprüngliche Trennung des in der intellectualen Anschauung innigst vereinigten Objects und Subjects, diejenige Trennung, wodurch erst Object und Subject möglich wird, die Ur=Theilung. (MA 2, 50)

Aus dem ursprünglichen «Ich bin Ich» könne somit das «*Nichtich*» entstehen (MA 2, 50). Doch kann dieser Akt im Gegensatz zu den Behauptungen Kants und erst recht Fichtes nicht ganz am Anfang stehen, sondern eine ursprüngliche Teilung ist aus logischen Gründen nicht vorstellbar ohne etwas, das vor dieser Teilung bestand und ein Ganzes bildete. Dieser Ursprungszustand kann nicht begrifflich bezeichnet werden, da die Begriffe erst durch die Teilung entstehen, sondern er besteht nur «in der intellectualen Anschauung» als «innigst vereinigte[s] Object[] und Subject[]». Im ersten Teil des Fragments bezeichnet Hölderlin diesen Urzustand vor aller Trennung als «Seyn» oder «Seyn schlechthin». Mit den Mitteln von Kants Transzendentalphilosophie, die stets nach den Bedingungen der Möglichkeit von etwas fragt, wird also hier gegen Grundannahmen der Kant'schen Erkenntnistheorie argumentiert: Das «Ich denke» kann demzufolge nicht funktionieren, wenn es sich nicht aus einem logisch vorangehenden, vorbewussten Zustand erhebt, den Hölderlin als «Seyn» bezeichnet. Mit dieser Kategorie eröffnet Hölderlin die von Hegel dankbar aufgegriffene Möglichkeit, den einseitigen Primat des Ichs gegenüber der Wirklichkeit aufzulösen.

Die Denkfigur, Gegensätze scharf herauszustellen und dann danach zu fragen, ob es eine gemeinsame Grundlage der beiden kontroversen Positionen gibt, zieht sich durch Hölderlins gesamtes theoretisches und auch durch sein dichterisches Werk. Schon im *Fragment philosophischer Briefe* aus dem Frühjahr 1796 (s. Kap. V, S. 53–55) sucht Hölderlin nach einem «höhere[n] Zusammenhang» (MA 2, 55), der alle Menschen verbindet. Am Schluss seines Romans *Hyperion* findet er dafür die folgende Formulierung:

Wie der Zwist der Liebenden, sind die Dissonanzen der Welt. Versöhnung ist mitten im Streit und alles Getrennte findet sich wieder.
 Es scheiden und kehren im Herzen die Adern und einiges, ewiges, glühendes Leben ist Alles. (MA 1, 760)

In Homburg lenkt Hölderlin um 1799, also nach Abschluss des *Hyperion* und während der schwierigen Arbeit am *Empedokles*, seine Aufmerksamkeit vor allem auf die Reflexion der Bedingungen poetischen Schreibens. Daraus gehen eindringliche und schwer verständliche Aufsätze hervor, von denen der längste und komplexeste mit den Worten *Wenn der Dichter einmal des Geistes mächtig...* beginnt und heute auch danach zitiert wird, während er früher *Über die Verfahrungsweise des poëtischen Geistes* genannt wurde. Hier fragt Hölderlin in Fortführung und Intensivierung der erkenntniskritischen Überlegungen von *Seyn, Urtheil, Modalität* nach den Bedingungen der Möglichkeit dichterischen Schreibens, zu denen er an vorderer Stelle «die gemeinschaftliche Seele, die allem gemein und jedem eigen ist», zählt, die der Dichter festhalten, sich aneignen und deren er sich versichern müsse (MA 2, 77).

Ein weiterer Schwerpunkt der Homburger Poetik ist die Tragödientheorie. So wird in der Fragmentgruppe *Die tragische Ode...*, *Allgemeiner Grund* und *Grund zum Empedokles*, welche dem *Dritten Entwurf* der *Empedokles*-Tragödie vorausgeht, nach den Bedingungen des Tragischen gefragt. Flankiert werden diese Überlegungen durch den Aufsatzentwurf *Das untergehende Vaterland...*, in dem allgemeinere Überlegungen zur Dynamik der Entwicklung von Gesellschaften und Kulturen angestellt werden.

Intensiv denkt Hölderlin während seines ersten Homburger Aufenthalts über das Verhältnis der poetischen Gattungen zueinander nach. Er ist hier auf dem neuesten Stand des poetologischen Denkens seiner Zeit, denn annähernd gleichzeitig, ab 1798, etabliert August Wilhelm Schlegel in seinen Jenaer Vorlesungen die Vorstellung einer Trias von Epik, Dramatik und Lyrik. Hölderlin geht ebenfalls von der Annahme dreier grundlegender Gattungen aus, aber wie schon das Fragment *Die tragische Ode...* zeigt, setzt er die Gattungen nicht scharf voneinander ab, sondern ihn interessieren vor allem die Gemeinsamkeiten, Vermischungen, Überlappungen und Übergänge. Einschlägig sind hierfür die fragmentarischen Texte *Über die verschiednen Arten zu dichten* und *Das lyrische dem Schein nach idealische Gedicht...* (beide um 1799).

Das von Hölderlin in den Homburger Entwürfen entwickelte Mittel, um die Gemeinsamkeiten und die feinen Unterschiede, ja die Mischungsverhältnisse zwischen den Gattungen herauszuarbeiten, ist die ‹Lehre vom Wechsel der Töne›. Mit dem Konzept des Tons übernimmt Hölderlin einen Begriff aus der Musikästhetik und führt ihn in die Poetik ein. Dichtung entfaltet sich demnach für ihn vornehmlich im akustischen Medium; sie muss wohlklingend sein, Misstöne sollen vermieden werden. Jede Gattung hat ihre ‹Grundstimmung› oder ihren ‹Grundton›, bei der oder dem sie jedoch nicht bleiben kann, sondern sie muss sich in einem anderen Ton äußern. So setzen sich die drei Gattungen (das lyrische, epische und tragische Gedicht) aus einem je spezifischen Mischungsverhältnis der drei Grundtöne naiv, heroisch und sentimentalisch zusammen. Sie wirken damit je verschieden auf die menschlichen Vermögen der Empfindung, der Leidenschaft und der Phantasie. Hölderlin entwirft komplizierteste poetologische Tafeln, um sich selbst die kombinatorischen Möglichkeiten der Zusammensetzung dieser Grundbegriffe vor Augen zu führen. In dem knappen Text *Der tragische Dichter…* formuliert er die Quintessenz dieser ausufernden Denkübungen:

Der tragische Dichter thut wohl, den lyrischen, der lyrische den epischen, der epische den tragischen zu studiren. Denn im tragischen liegt die Vollendung des epischen, im lyrischen die Vollendung des tragischen, im epischen die Vollendung des lyrischen. Denn wenn schon die Vollendung von allen ein vermischter Ausdruk von allen ist, so ist doch eine der drei Seiten in jedem die hervorstechendste. (MA 2, 110)

Mit einem Wort: Die strukturelle Ähnlichkeit der drei Gattungen, die darin besteht, dass sie sich in je unterschiedlicher Weise aus denselben drei Grundtönen zusammensetzen, bedeutet nicht etwa, dass sie tendenziell ununterscheidbar sind, sondern durch das Hervortreten je eines Merkmals heben sie sich gerade aufgrund ihrer Gemeinsamkeiten besonders deutlich von den anderen ab.

Wohl am konsequentesten hat Hölderlin seine Lehre vom Wechsel der Töne in der Hymne *Der Rhein* umgesetzt. Über einem Entwurf zu diesem Gedicht findet sich in der Handschrift ein kurzer Text, in dem das «Gesez dieses Gesanges» beschrieben wird, dem zufolge die ersten vier «Parthien» (also die größeren Abschnitte des Gedichts) «durch Progreß und Regreß» des Stoffs und der Form einander entgegengesetzt seien, während die letzte Partie «mit durchgängiger Metapher alles ausgleicht» (MA 3, 191). Die Grundelemente eines Gedichts sollen also mit großer Präzision zueinander in Beziehung gesetzt werden; auf scharfe Entgegensetzung und anschließende Umkehrung der Gegensätze folgt am Schluss der Dichtung stets der versöhnende Ausgleich, der hier als umfassendes Bild oder «durchgängige[] Metapher» beschrieben wird.

Die tragödientheoretischen Überlegungen greift Hölderlin um 1803 im Zusammenhang mit seinen Übersetzungen zweier Tragödien des Sophokles und deren Kommentierung wieder auf. Resultat dieser Reflexionen sind die *Anmerkungen zum Oedipus* und die *Anmerkungen zur Antigonä*, die den ersten und zweiten Band der 1804 erschienenen Publikation *Die Trauerspiele des Sophokles. Übersetzt von Friedrich Hölderlin* beschließen (s. Kap. IX.2). Diese beiden, je nur ein paar Druckseiten umfassenden *Anmerkungen* zu Sophokles sind – neben den Briefen an Böhlendorff, Seckendorf und Wilmans aus den Jahren 1801–1804 – die wichtigsten poetologischen Texte aus Hölderlins Spätzeit. Die hier gemachten Aussagen beschränken sich nicht auf die Tragödie, sondern weisen weit darüber hinaus auf Hölderlins spätes Dichtungsverständnis allgemein. Hölderlin spricht etwa davon, die «moderne Poësie», also die gegenwärtige Dichtkunst, habe sich zur «*mêchanê* der Alten», zur Kunstfertigkeit der antiken Autoren, zu erheben, wenn sie endlich gesellschaftliche Bedeutung erringen wolle (MA 2, 309). Es fehle ihr aber «an der Schule und am Handwerksmäßigen, daß nemlich ihre Verfahrungsart berechnet und gelehrt, und wenn sie gelernt ist, in der Ausübung immer zuverlässig wiederhohlt werden kann» (MA 2, 309). Dieses gegenwärtig noch fehlende Vermögen nennt Hölderlin «gesezliche[n] Kalkul» oder «kalkulable[s] Gesez» (MA 2, 309). Man könnte argwöhnen, Hölderlin plädiere hier für die Rückkehr zum aus der Antike überkommenen Regelsystem der Rhetorik, das jahrhundertelang auch für die Poetik Gültigkeit beanspruchte. Doch die folgenden Ausführungen machen deutlich, dass er bei dem poetischen «Gesez» vielmehr an seine eigene Poetik des Wechsels der Töne denkt, die auf dem kritischen Denken Kants aufbaut und es weiterentwickelt:

Das Gesez, der Kalkul, die Art, wie ein Empfindungssystem, der ganze Mensch, als unter dem Einflusse des Elements sich entwikelt, und Vorstellung und Empfindung und Räsonnement, in verschiedenen Successionen, aber immer nach einer sichern Regel nacheinander hervorgehen, ist im Tragischen mehr Gleichgewicht, als reine Aufeinanderfolge. (MA 2, 309 f.)

Hölderlin plädiert dafür, den literarischen Text nicht so sehr als ein Werk zu sehen, das sich in der Zeit entfaltet – wie es Gotthold Ephraim Lessing 1766 in seinem *Laokoon* getan hatte –, sondern vielmehr seine Struktur herauszustellen, die sich am besten räumlich darstellen lässt. Am Beispiel des *Oedipus* und auch der *Antigonä* arbeitet er dann die «Cäsur», den entscheidenden Einschnitt und Wendepunkt des jeweiligen Werkes oder die «gegenrhythmische Unterbrechung» (MA 2, 369), heraus. Damit bietet er wichtige Kategorien an, die nicht nur die beiden Sophokles-Dramen zu verstehen helfen, sondern auch Zugänge zu seinem eigenen Spätwerk eröffnen.

VII. Hölderlins Weltteile, Landschaften und Städte

Hölderlins Weltbild ist in einem hohen Maße räumlich strukturiert. Dabei arbeitet Hölderlin mit allgemeinen topographischen Angaben wie solchen zu den Höhenregionen (Himmel, Erde, Abgrund) und zu den Himmelsrichtungen, aber auch mit konkreten Beschreibungen der Räume, vor allem der Landschaften. Besonders hervorzuheben ist seine Verwendung von fast durchgehend realen geographischen Namen. Zwar handelt es sich dabei manchmal um historische Ortsbezeichnungen, die heute nicht mehr geläufig sind, aber kaum einmal erfindet Hölderlin Orte, die in der Alltagswelt nicht existieren. Wir können also nicht nur Hölderlins eigene Reisen, sondern auch zum Beispiel den Lebensweg seines Romanhelden Hyperion oder den Gedanken- und Bilderweg vieler Gedichte auf einer realen, am besten auf einer historischen Landkarte nachverfolgen; wir bewegen uns bei Hölderlin nicht durch gänzlich fiktionale Landschaften wie etwa in Novalis' Roman *Heinrich von Ofterdingen* (postum 1802). Wichtig ist ferner: Hölderlins Landschaften können auch Städtelandschaften sein, wenngleich für ihn Metropolen wie Rom, Paris und London oder das in dieser Zeit anwachsende Berlin keine zentrale Rolle spielen. Hölderlins Welt ist stets eine Welt des Draußen-Seins; das Erfahrungssubjekt seiner Texte ist fast durchgehend in der freien Landschaft oder auf den Straßen einer Stadt den Winden und Wettern ausgesetzt. Die feudale oder bürgerliche Welt in den Häusern und Palästen, in denen sich das politisch-gesellschaftliche Leben mit seinen Umwälzungen, aber auch die Glücksphasen und Tragödien von Liebe, Ehe, Eifersucht und Trennung in der Realität und bei vielen anderen Autoren seiner Zeit abspielen – diese Innenwelt interessiert Hölderlin nicht.

Natürlich handelt es sich aber trotz aller geographischen Fixierbarkeit bei Hölderlin oft um imaginäre Orte. Seine Texte sind keine Reiseberichte oder Reiseromane im engeren Sinne. Hölderlin reist zwar viel, und zwar meistens zu Fuß. Damit ist der Radius seiner Reisen aber etwas eingeschränkt; allein Südwestdeutschland und Mitteldeutschland kennt er gut; hinzu kommen 1801/02 die Nordwestschweiz und Südwestfrankreich sowie die Wege dorthin. Den «Anblik des Meeres» (MA 2, 913) hat er erst bei Bordeaux erlebt; Nord- und Ostsee sowie das Mittelmeer kennt er nicht aus eigener Anschauung, ebenso wenig wie Italien und Griechenland oder gar außereuropäische Gegenden, wie sie zu seiner Zeit etwa Alexander von Humboldt bereiste. Zur Präzisierung seiner Vorstellung von geographischen Orten, die er nicht besucht hat, benutzt Hölderlin zeitgenössische Reiseberichte und Landkarten. Damit kann er seine Vorstellungswelt «bis nach Otaheiti» (an Böhlendorff,

4.12.1801; MA 2, 914) ausdehnen, also bis zu der Insel Tahiti im Südpazifik, die etwa Georg Forster in seiner *Reise um die Welt* (englisch 1777, deutsch 1778–1780) beschreibt.

Im Zentrum von Hölderlins Welt steht Griechenland, und zwar das der archaischen und klassischen Antike von Homer über Pindar und Sappho bis zu Sophokles. Im *Hyperion* wird das Griechenland des späten 18. Jahrhunderts als ein verfallenes, unterdrücktes Land dem antiken Ideal gegenübergestellt. Hölderlin teilt mit seinen Zeitgenossen das Wissen, dass die griechische Kultur nicht aus sich selbst heraus entstand, sondern durch ältere, vorwiegend vorderasiatische Kulturen geprägt wurde. Mit dem lateinischen Wort für den Osten nennt Hölderlin diese Kulturen den ‹Orient› oder das ‹Orientalische›. Die antiken asiatischen Kulturen werden aber meist nicht differenziert (etwa in die indische, persische und arabische); zuweilen wird auch Ägypten dazugezählt. Die jüngeren asiatischen Kulturen, etwa die Blüte der persischen Literatur im 13. und 14. Jahrhundert, spielen in Hölderlins Weltbild keine Rolle. Dagegen ist der Osten als Himmelsrichtung, als – im wörtlichen Sinne – Orientierung hin auf den Ursprung der Menschheitskulturen bei Hölderlin sehr wichtig, etwa in den Hymnen *Die Wanderung* und *Am Quell der Donau* (s. Kap. X.4, S. 121 f.).

Das Abendland, also von den antiken griechischen und orientalischen Kulturen aus gesehen den Westen, nennt Hölderlin nicht ‹Okzident›, sondern ‹Hesperien› oder das ‹Hesperische›. Er übernimmt diesen Ausdruck aus Lucans (1. Jh. n. Chr.) lateinischem Bürgerkriegsepos *Pharsalia*, dessen erstes Buch er um 1790 in Tübingen übersetzt; hier steht ‹Hesperien› aber für Italien. Programmatisch formuliert Hölderlin in einer Randnotiz zu den Hymnenfragmenten unter der Überschrift *Kolomb* (also Kolumbus): «Flibustiers, Entdekungsreisen als Versuche, den hesperischen *orbis*, im Gegensaze gegen den *orbis* der Alten zu bestimmen.» (MA 3, 251) Gegenüber der antiken Welt (lat. *orbis*) soll die ‹hesperische› Welt konturiert werden, also die neue, westliche, moderne Welt. Den Piraten und Freibeutern sowie in ihrem Gefolge den Entdeckungsreisenden und Weltumseglern, deren Fahrten in der Literatur des 18. Jahrhunderts breiten Raum einnahmen, wird die Funktion zugemessen, den antiken Weltkreis um den ‹hesperischen› zu erweitern. Die Richtung dieser Erweiterung zielt immer weiter nach Westen und ist daher der Bewegung nach Osten, zu den Wurzeln der Menschheitskultur, entgegengesetzt. Insbesondere die späte Hymne *Andenken* setzt diese Bewegung in Sprache um: «Mancher / Trägt Scheue, an die Quelle zu gehen; / Es beginnet nemlich der Reichthum im Meere.» (MA 1, 474, V. 38–40). Die «Männer», die hier «zu Indiern» gegangen sind, fahren stets auf den Spuren des Kolumbus nach Westindien, nicht etwa auf den asiatischen Subkontinent (V. 49 f.).

In den *Anmerkungen zur Antigonä* von 1803 (s. Kap. VI, S. 62 f.) setzt Hölderlin der griechischen Kunstform und Vorstellungswelt seiner Vorlage die «vaterländischen Vorstellungen» und sogar eine «vaterländischere[] Kunstform» entgegen (MA 2, 374). Das ‹Vaterländische› nimmt hier die Stelle ein, die sonst häufig das ‹Hesperische› besetzt. Klar ist, dass damit im Zusammenhang des Kommentars zu einer Übersetzung aus dem Griechischen zunächst die deutsche Sprache und Kultur der Gegenwart gemeint ist. Der mit der Rede vom ‹Vaterland› erhobene Anspruch geht aber deutlich darüber hinaus, wie eine Wendung am Ende des zweiten Briefes an Böhlendorff (vom November 1802) hervorhebt:

Mein Lieber! ich denke, daß wir die Dichter bis auf unsere Zeit nicht commentiren werden, sondern daß die Sangart überhaupt wird einen andern Karakter nehmen, und daß wir darum nicht aufkommen, weil wir, seit den Griechen, wieder anfangen, vaterländisch und natürlich, eigentlich originell zu singen. (MA 2, 922)

Das bloß ‹kommentierende›, nachahmende Verhältnis zur kulturellen Tradition wird abgelehnt, eine ganz neue, ‹originelle› «Sangart» gefordert. Als Probe dieses neuen Verhältnisses zu den Vorgängern können die verfremdenden Sophokles-Übersetzungen und die Erläuterungen dazu angesehen werden. Wie schwierig die Aufgabe sein wird, ahnt Hölderlin, wenn er formuliert, «daß wir darum nicht aufkommen», also dass die gegenwärtigen Dichter angesichts der auferlegten Aufgabe sich nur schwer erheben können.

Hölderlins Welt ist über die Einteilung in große Weltgegenden hinaus auch in den mittleren Dimensionen und bis ins Kleinste hinein geographisch und topographisch strukturiert. In den ersten Strophen der Hymne *Patmos* (1803) wird das sprechende Ich aus der Landschaft der Alpen, die durch «Die Gipfel der Zeit» und «Getrennteste[] Berge» gekennzeichnet ist, in einer großen, flugähnlichen Bewegung entführt nach Osten, Richtung «Asia» (gemeint ist hier im engeren Sinne das in der Antike griechisch besiedelte Kleinasien, also die heutige Türkei), das «mit tausend Gipfeln duftend» aufleuchtet (MA 2, 447 f., V. 10, 12 und 30 f.). Es werden die Gebirge und Flüsse dieser Region genannt, bevor der Fokus sich wieder zurück auf die «ungewisse[] Meeresebene» der Ägäis richtet (MA 2, 448, V. 48). Wenn hier von «breiten Gassen» (V. 33) und «schattenlosen Straßen» (V. 49) die Rede ist, so sind Flussbetten und Schifffahrtswege gemeint. Die ostgriechische und vorderasiatische Landschaft mit ihren Meeren, Bergen, Ebenen und Flüssen wird also als sinndurchwirktes Gewebe von Zeichen dargestellt und metaphorisch einer von Menschen gebauten Stadtlandschaft gleichgesetzt, ohne dass bis zu dieser Passage ein einziger anderer Mensch außer dem Erfahrungssubjekt des Textes aufträte. Die Landschaften und ihre Bestandteile selbst werden als machtvolle Personen erfahren, die dem Subjekt des Textes gegenübertreten und von ihm gelesen werden wollen. *Wer* diesen Sinn in die Natur hineingelegt hat, wird meist nicht ausgesprochen, und wenn es einmal zur Sprache kommt, bleibt immer noch vieles unklar, wie in dem Fragmentkomplex *Das Nächste Beste*: «Umsonst nicht hat / Seitwärts gebogen Einer von Bergen der Jugend / Das Gebirg, und gerichtet das Gebirg / Heimatlich.» (MA 1, 421, V. 51–54) Wer ist dieser ‹Eine›, der die Kraft hat, die Gebirge so auszurichten, dass sie wie Zeichen lesbar sind, die von der Heimat (Württemberg) weg oder auf die Heimat hin deuten? Er ist sicherlich ein Gott, aber er wird hier im Spätwerk weder als der christliche Gott noch als einer der antiken Götter identifiziert, sondern bleibt namenlos.

Nicht erst in den angeführten späten Texten, sondern schon etliche Jahre zuvor werden die Elemente der Landschaft Thema von Hölderlins Gedichten. Meist werden sie jedoch noch nicht in so komplexer Weise zusammengeführt wie in *Patmos*. Schon 1788 wird *Die Tek*, ein Hügelzug der Schwäbischen Alb, Gegenstand eines Hexametergedichts. 1790 folgen die Reimstrophen über die *Burg Tübingen*. Eher abstrakt bleibt die Landschaft in der zweistrophigen Kurzode *Die Heimath* von 1798. 1799 folgt die zehn Strophen umfassende Ode *Der Main*; 1800 entstehen die neunstrophige Ode *Der Nekar* und die sechsstrophige Ode *Der gefesselte Strom*, die keinen bestimmten Fluss nennt. Ihnen allen ist gemeinsam, dass ein Fluss personifiziert und vom Ich des Gedichts als Du angeredet wird. Er wird also als Subjekt vorgestellt, das seinen eigenen Willen hat, sich seinen Weg durch die Landschaft sucht und damit die Voraussetzungen für menschliche Ansiedlung und Kultur schafft. Die Flussgedichte kulminieren in den Hymnen *Der Rhein*, *Am Quell der Donau* und *Der Ister* (*Istros* ist der griechische Name für die Donau), von denen die beiden Letztgenannten Fragmente bleiben. Die Anrede der Ströme wird hier aufgegeben; stattdessen ist von ihnen in der dritten Person die Rede. Doch an der Grundvorstellung, die Flüsse seien Subjekte und Kulturschöpfer, wird festgehalten, besonders in der *Rhein*-Hymne. Erst in den noch späteren Texten geht die Sicherheit, mit der die Flussverläufe als Zeichen gelesen werden, zunehmend verloren, besonders im *Ister*:

Der scheinet aber fast
Rükwärts zu gehen und
Ich mein, er müsse kommen
Von Osten.
Vieles wäre
Zu sagen davon. Und warum hängt er
An den Bergen gerad? Der andre
Der Rhein ist seitwärts
Hinweggegangen. Umsonst nicht gehen
Im Troknen die Ströme. Aber wie? ein Zeichen braucht es
[...].   (MA 1, 476, V. 41–50)

Neben die Flussgedichte treten die Städtegedichte, als deren Vorläufer *Burg Tübingen* angesehen werden kann. Es handelt sich im Wesentlichen um die Ode *Heidelberg* (1800) und die Elegie *Stutgard* (zwei Fassungen, etwa 1800/02). In *Heidelberg* wird die Stadt, «der Vaterlandsstädte / Ländlichschönste, so viel ich sah» (MA 1, 252, V. 3 f.), als Du angeredet wie in den Flussoden die Flüsse, ja, sie wird sogar «Mutter» (V. 2) genannt, durch die «der Strom», also der Neckar, als «Jüngling [...] fort in die Ebne zog» (V. 13). Als strukturierende Zeichen und Charakteristika der Stadt werden insbesondere die historische Neckarbrücke und die Ruine der Burg aufgerufen. Die Sonne taucht die geschichtsträchtige Stadt in ein «verjüngendes Licht» (MA 1, 253, V. 25), so dass «Deine fröhlichen Gassen / Unter duftenden Gärten ruhn» (V. 31 f.). Den Ausdruck ‹fröhliche Gassen› kann man als metonymisch verkürzte Redeweise lesen, die für ein fröhliches menschliches Treiben in den Gassen steht; ausdrücklich ist von Menschen im Zusammenhang mit der Brücke die Rede, «Die von Wagen und Menschen tönt» (MA 2, 252, V. 8) – hier stehen die Menschen nach ihren Fortbewegungsmitteln erst an zweiter Stelle. Mit einem Wort: Der Stadt wird ähnlich wie den Flüssen ein Eigenleben, eine kulturelle Eigendynamik zugeschrieben, in welche die Menschen sich dann nur noch einfügen müssen. In *Stutgard* wird – analog zu den späten Flusshymnen – die direkte Anrede der Stadt zugunsten einer objektivierenderen Perspektive aufgegeben.

Thematisiert wird die Stadt auch in der berühmten ersten Strophe der Elegie *Brod und Wein*, die Hölderlins Freund Leo von Seckendorf (1775–1809), ein Diplomat und Literat, separat unter dem Titel *Die Nacht* in seinem *Musenalmanach für das Jahr 1807* publizierte und die Hölderlins legendären Ruf bei Romantikern wie Friedrich Schlegel und Ludwig Tieck begründete; Clemens Brentano hielt sie für «eines der gelungensten Gedichte überhaupt» (an Philipp Otto Runge, 21.1.1810; StA VII.2, 407), das er, da er Hölderlins Fortsetzung nicht kannte, sogar selbst weiterzudichten versuchte.

Rings um ruhet die Stadt; still wird die erleuchtete Gasse,
  Und, mit Fakeln geschmükt, rauschen die Wagen hinweg.
Satt gehn heim von Freuden des Tags zu ruhen die Menschen,
  Und Gewinn und Verlust wäget ein sinniges Haupt
Wohlzufrieden zu Haus; leer steht von Trauben und Blumen,
  Und von Werken der Hand ruht der geschäfftige Markt.
Aber das Saitenspiel tönt fern aus Gärten [...].

(MA 1, 372, V. 1–7)

Hier werden wesentliche Elemente des dynamischen Treibens genannt, durch das sich die Stadt auszeichnet, insbesondere die Bewegung der Verkehrsmittel, die Geschäftigkeit des Marktes sowie die Tätigkeit der Händler und Handwerker. Doch diese Dynamik erscheint allein in einem desaktivierten Zustand: am Abend, als eigentlich alle Betriebsamkeit schon vorbei ist und nur noch die Bilanz des Tagesgeschäfts gezogen wird. Auch das eben abgeschlossene Tagesgeschehen hat sich nicht etwa *in* den Banken, Handelshäusern und Werkstätten abgespielt, sondern im Freien, auf dem Markt. Als ein Akt der Befreiung erscheint der Anbruch des Abends, denn er gibt Gelegenheit zu einem Perspektiv- und Medienwechsel: Die akustische Dimension verdrängt in der Dämmerung die Dominanz des Optischen; aus den Gassen und Märkten werden wir mit dem Tönen des «Saitenspiel[s]» hinausgelenkt in die Gärten und damit in die Randzonen der Stadt, in welchen sie sich auf das Land hin öffnet.

Hölderlin ist, wie hier noch einmal deutlich wird, ein Dichter von Landschaften, mit einer deutlichen Vorliebe für seine südwestdeutsche Heimat. Auch die Städte Heidelberg und Stuttgart werden von ihm als städtische Landschaften beschrieben, die sich organisch in ihre Umgebungen fügen. Hölderlin ist kein Dichter der großen Städte. Unter den deutschen Großstädten seiner Zeit lernt er allein die Handelsstadt Frankfurt näher kennen. Sie bedenkt er jedoch nicht mit einem Städtegedicht, sondern sie wird nur zum Erfahrungshintergrund seiner bittern gesellschaftskritischen Kurzoden dieser Zeit: «Ach! der Menge gefällt, was auf den Marktplatz taugt» (*Menschenbeifall*; MA 1, 191, V. 5).

VIII. ‹Gestalten der Zukunft und des Altertums›: *Hyperion oder der Eremit in Griechenland*

Im 18. Jahrhundert nimmt die Produktion und Verbreitung von Romanen einen zuvor ungekannten Aufschwung. Bis dahin galten nur literarische Texte in Versform als Dichtung – auf dem Gebiet der erzählenden Literatur also das Epos, die Idylle und die Verserzählung. Doch nun findet auch in Deutschland mit der Rezeption von Romanen Daniel Defoes, Lawrence Sternes, Samuel Richardsons, Jean-Jacques Rousseaus oder Voltaires und mit den deutschsprachigen Romanen von Christian Fürchtegott Gellert, Sophie von La Roche, Christoph Martin Wieland, Wilhelm Heinse und Karl Philipp Moritz die lange Prosaerzählung zunehmend die Anerkennung der literarischen Kritik und Aufnahme in den für gebildete Kreise verbindlichen Lektürekanon. Epoche macht Goethes Briefroman *Die Leiden des jungen Werthers*, da er den Ausdruck allerhöchsten, als authentisch wahrgenommenen Gefühls mit größter Kunstfertigkeit der Darstellung verbindet. Es ist daher kein Zufall, dass Hölderlin, kurz nachdem er Ende 1791 mit seinen ersten Gedichtpublikationen an die literarische Öffentlichkeit getreten ist, sich auch auf dem Gebiet der Erzählliteratur erproben möchte und ab 1792 Pläne für einen eigenen Roman entwickelt. Im Mai 1793 kündigt er Neuffer «ein Fragment meines Romans zur Beurteilung» (MA 2, 496) an, das er im Brief an denselben Freund vom 21./23.7.1793 in schon fast frühromantischer Potenzierung das «Fragment eines Fragments» nennt und zugleich bereits wieder verwirft; dabei greift er aber Neuffers Formulierung eines ‹unbekannten Landes› der Dichtung produktiv auf:

Was Du so schön von der *terra incognita* im Reiche der Poësie sagst, trift ganz genau besonders bei einem Romane zu. Vorgänger genug, wenige, die auf neues schönes Land geriethen, u. noch eine Unermessenheit zu'r Entdekung und Bearbeitung! (MA 2, 500)

Hölderlin sieht sich also mit seinem Projekt eines «griechischen Romans» (MA 2, 499) als Entdecker und Eroberer bislang unbekannter poetischer Welten. Dafür studiert er weniger die umfangreiche Romanproduktion seiner Zeit, die er von nichts als «wort- und abenteuerreichen Ritter[n]» (MA 2, 499) bevölkert sieht, als die aktuelle philosophische und ästhetische Diskussion der 1790er Jahre, insbesondere Kant und Schiller, aber auch immer wieder die Werke Platons. Das erste umfangreichere erhaltene Produkt von Hölderlins Versuchen einer Neuentdeckung des Romans ist das während seiner ersten Hauslehrerzeit in Waltershausen entstandene und 1794 in Schillers *Thalia* erschienene *Fragment von Hyperion*. Dass Hölderlin mit dieser Publikation eines «Bruchstük[s]» (MA 1, 489) wie auch mit den weiteren Stufen bis hin zum fertigen Roman alles andere als bloße Unterhaltung liefern möchte, sondern vielmehr höchste philosophische Ansprüche verfolgt, macht schon die Vorrede zum *Fragment* deutlich:

Die exzentrische Bahn, die der Mensch, im Allgemeinen und Einzelnen, von einem Puncte (der mehr oder weniger reinen Einfalt) zum andern (der mehr oder weniger vollendeten Bildung) durchläuft, scheint sich, *nach ihren wesentlichen Richtungen*, immer gleich zu seyn. (MA 1, 489)

Es ist nicht leicht zu bestimmen, was Hölderlin unter «exzentrische[r] Bahn» versteht; auf jeden Fall ist es eine Bewegung, die von einem durch «reine[] Einfalt» gekennzeichneten Ausgangs- und Mittelpunkt wegführe, um – vielleicht in einer Spiralbewegung – einen weit außen gelegenen Punkt zu erreichen, der durch «vollendete[] Bildung» charakterisiert sei. Das zu erlangende Ideal wird also als ‹Bildung› bezeichnet. Hölderlin greift damit einen Begriff der anthropologisch orientierten Spätaufklärung auf, die alle Einseitigkeiten überwinden und den in jeder Hinsicht ausgebildeten ‹ganzen Menschen› ermöglichen wollte. Zugleich verortet Hölderlin damit sein *Hyperion*-Projekt auf dem Feld dessen, was man später ‹Bildungsroman› nennen sollte. Schwer zu verstehen ist jedoch, wie eine solche «vollendete[] Bildung» mit dem Gedanken der «exzentrische[n]

VIII. Hyperion oder der Eremit in Griechenland

Bahn» vereinbar ist, die ja gerade weg von aller Abrundung auf ein unbekanntes Ziel zuzusteuern scheint. Wahrscheinlich ist gemeint, dass die Menschen auf ihren je individuellen, ‹exzentrischen› Wegen doch immer das allgemeine Ziel, ‹vollendete› Menschen zu werden, erreichen können, wenn sie sich darum nur hinreichend bemühen.

Dieser philosophischen Positionsbestimmung folgen in der *Thalia*-Fassung einige Briefe des Protagonisten Hyperion an seinen Freund Bellarmin, in denen schon Grundzüge der späteren Personenkonstellation (die Geliebte heißt noch Melite) und der Handlung angelegt sind. Diese Fassung spielt in einer historisch noch nicht genau fixierten griechischen Neuzeit, doch die Namen sind großenteils aus der antiken Tradition übernommen; Hyperion etwa ist in der griechischen Mythologie einer der Titanen, der Sohn des Himmels (Uranos) und der Erde (Gaia), selbst entweder der Vater des Sonnengottes (Helios) oder sogar die Sonne selbst. Charakteristisch für das *Fragment von Hyperion* sind die abrupten, kaum motivierten Stimmungswechsel (s. Kap. IV, S. 42–44). Selbstreflexiv kommt der offene Status des Textes im ersten Satz des letzten Briefes zur Sprache: «Noch ahnd' ich, ohne zu finden.» (MA 1, 509)

Hölderlin ist offensichtlich unzufrieden mit der im *Fragment* erprobten Form des Briefromans und beginnt in Jena um den Jahreswechsel 1794/95 eine metrische Fassung mit der Rahmenerzählung eines Ich-Erzählers. Sie ist in Blankversen abgefasst, den um diese Zeit am weitesten verbreiteten Versen in deutschsprachigen Dramen. Dieses Experiment ist als Zeichen der Unsicherheit darüber zu sehen, ob nicht doch einer Verserzählung ein höherer dichterischer Rang zuerkannt werden würde als einem Prosaroman. Hölderlin wird diesen Versuch einige Jahre später wieder aufgreifen: Im Zusammenhang mit seinem Plan einer «poëtische[n] Monatsschrift» (an Neuffer, 4.6.1799; MA 2, 764) schreibt er als auf den Publikumsgeschmack ausgerichtete Auftragsarbeit für den Verleger Steinkopf in kurzer Zeit die Verserzählung *Emilie vor ihrem Brauttag* in Blankversen; nach dem Scheitern des Journalplans erscheint sie in Neuffers *Taschenbuch für Frauenzimmer von Bildung, auf das Jahr 1800*.

Den Versuch, den *Hyperion* in Versform zu realisieren, gibt Hölderlin jedoch schnell wieder auf und kehrt mit *Hyperions Jugend* im Frühjahr 1795, immer noch in Jena, zur Prosa zurück, behält aber die distanzierende Form der Rahmenerzählung bei. Etwa gleichzeitig setzt sich Schiller in einem Brief vom 9.3.1795 an den Verleger Cotta in Tübingen mit Erfolg dafür ein, dass dieser den entstehenden Roman in Verlag nimmt. Nachdem Hölderlin Jena fluchtartig verlassen hat, schreibt er in der zweiten Jahreshälfte 1795 in Nürtingen die *Vorletzte Fassung* des Romans, mit der er die Briefform des *Fragments* wieder aufnimmt.

Wichtig ist aus der *Vorletzten Fassung* vor allem die ausführliche *Vorrede*, da in ihr viele Gedanken zu finden sind, die in der knappen *Vorrede* zur endgültigen Fassung fehlen. Zunächst bekennt sich der fiktive Herausgeber der folgenden Briefe, der die *Vorrede* unterzeichnet hat, zu Griechenland:

Von früher Jugend an lebt' ich lieber, als sonstwo, auf den Küsten von Jonien und Attika und den schönen Inseln des Archipelagus, und es gehörte unter meine liebsten Träume, einmal wirklich dahin zu wandern, zum heiligen Grabe der jugendlichen Menschheit.

Griechenland war meine erste Liebe und ich weiß nicht, ob ich sagen soll, es werde meine lezte seyn. (MA 1, 557)

Hölderlin kann hier bei seinen potenziellen Lesern das Wissen voraussetzen, dass eine Reise durch Griechenland unter der anhaltenden türkischen Besatzung nur sehr schwer möglich ist. Der Roman, der auf Reisebeschreibungen von Richard Chandler (*Reisen in Klein Asien* und *Reisen in Griechenland*, englisch 1775/76, deutsch 1776/77) und von Graf Choiseul-Gouffier (*Reise durch Griechenland*, französisch 1782, deutsch 1780/82) zurückgreift, tritt also an die Stelle einer realen Reise.

Hölderlin nimmt ferner die Formulierung von der «exzentrische[n] Bahn» wieder auf, die wir alle «von der Kindheit zur Vollendung» durchlaufen müssten:

Die seelige Einigkeit, das Seyn, im einzigen Sinne des Worts, ist für uns verloren und wir mußten es verlieren, wenn wir es erstreben, erringen sollten. Wir reißen uns los vom friedlichen *Hen kai Pan* der Welt, um es herzustellen, durch uns Selbst. (MA 1, 558)

Hier formuliert Hölderlin wohl am deutlichsten in seinem Werk das triadische Geschichtsmodell, das er mit zahlreichen seiner Zeitgenossen wie Schiller oder Novalis teilt: Der Zustand ursprünglicher Einheit, der in der klassischen griechischen Antike noch herrschte, ist für immer verloren; er wird hier als ‹Seyn› sowie mit der wohl auf den Vorsokratiker Xenophanes zurückgehenden Formel *Hen kai Pan* (‹Eins und Alles›) bezeichnet. Nur im Durchgang durch eine lange, in der Gegenwart noch anhaltende Phase der Zerrissenheit und mit großen Anstrengungen der Zeitgenossen ist ein neuer, höherer Zustand der Einheit in der Zukunft erreichbar. Weder durch Wissen noch durch Handeln (also durch die Anstrengungen der theoretischen und praktischen Vernunft) gelangen wir zu diesem neuen «Seyn, im einzigen Sinne des Wortes», oder doch «nur in unendlicher Annäherung» (MA 1, 558). Die «unendliche Vereinigung» ist uns dagegen allein durch «Schönheit» möglich; «es wartet, um mit Hyperion zu reden, ein neues Reich auf uns, wo die Schönheit Königin ist» (MA 1, 558 f.). Was Hölderlin wenig später im *Ältesten Systemprogramm* gemeinsam mit Hegel und Schelling ‹neue Mythologie› nennt (s. Kap. V, S. 51 f.), wird hier als ‹Schönheit› bezeichnet: die Überwindung der Widersprüche der Gegenwart mit den Mitteln der Kunst, besonders der Dichtung. Ein besonderer selbstreflexiver Kniff ist es, dass sich der fiktive Herausgeber, hinter dem der Autor Hölderlin steht, auf seinen eigenen Romanhelden als Gewährsmann beruft – wo doch eigentlich umgekehrt die *Vorrede* die Romankonzeption und damit auch deren Hauptfigur mit Mitteln der Herausgeberfiktion beglaubigen sollte. Ein gebetsartiger Stoßseufzer ruft im letzten Satz der *Vorrede* den antiken Denker, auf den sich diese umfassende Philosophie der Schönheit berufen kann, gegen alle Verirrungen der Neuzeit an: «Ich glaube, wir werden am Ende alle sagen: heiliger Plato, vergieb! man hat schwer an dir gesündigt.» (MA 1, 559)

Hölderlin sendet den – nur unvollständig überlieferten – ersten Band der *Vorletzten Fassung* wohl noch vor Jahresende

1795 an Cotta. Dem Brief vom 15.5.1796 an den Verleger können wir entnehmen, dass Cotta auf erhebliche Kürzungen gedrängt hat, auf die sich Hölderlin einlässt. Somit entsteht während Hölderlins Frankfurter Aufenthalt im Hause Gontard die Druckfassung: Im Frühjahr 1797 erscheint der erste Band und erst im Herbst 1799 der zweite. Es ist Hölderlins erste Buchveröffentlichung.

Der abgeschlossene Roman *Hyperion oder der Eremit in Griechenland* gliedert sich in vier Teile: Jeder der beiden Bände enthält ein *Erstes* und ein *Zweites Buch*. Ein «Herausgeber» tritt nicht mehr ausdrücklich hervor; die kurze Vorrede, die Hyperion nun als fiktive Gestalt einführt, kann daher von den Lesern unmittelbar dem Autor zugeschrieben werden. Der Haupttext des Buches besteht fast ausschließlich aus Briefen des Griechen Hyperion an seinen deutschen Freund Bellarmin; nur im ersten Buch des zweiten Bandes ist ein längerer Briefwechsel zwischen Hyperion und seiner Geliebten Diotima eingeschaltet, den innerhalb der Romanfiktion Hyperion seinem Freund Bellarmin als Kopie schickt. Im zweiten Buch des zweiten Bandes sind zwei Briefe Diotimas an Hyperion, ein Antwortbrief von ihm sowie ein Brief des Freundes Notara an ihn mit der Nachricht vom Tode Diotimas als Zitat in die Briefe an Bellarmin eingelagert. Die Handlung spielt vor und nach dem russisch-türkischen Krieg 1768–1774; im Mittelpunkt stehen die Kriegshandlungen des Jahres 1770 (des Geburtsjahrs Hölderlins), in deren Verlauf sich griechische Truppen der russischen Armee anschlossen, um ihren Freiheitskampf gegen die Türken zu befördern, allerdings durch Plünderung und Flucht ihrer Sache schwer schadeten. Dieses unrühmliche Verhalten der Griechen streicht besonders drastisch und gegen das Original die deutsche Übersetzung des Reiseberichts von Choiseul-Gouffier durch Heinrich August Ottokar Reichard heraus; sie ist daher sicherlich die Hauptquelle für diese Teile des Romans.

Der Roman kennt außer dem seltsam konturlos bleibenden Adressaten Bellarmin, von dem kein Antwortbrief aufgenommen ist, vier Hauptfiguren: Hyperion, der auf der Suche nach einem ihm angemessenen Bildungsweg und Lebensprogramm durch das Griechenland des späten 18. Jahrhunderts und sogar bis nach Deutschland irrt; Adamas, sein älterer Lehrer, der Hyperion zu Beginn der erzählten Handlung auf dessen Heimatinsel Tina (der Kykladeninsel Tenos) einen lebendigen Umgang mit dem klassischen Griechentum lehrt, ihn dann aber verlässt; der tatendurstige, kriegerische Alabanda, kaum älter als Hyperion, den dieser in der heruntergekommenen Stadt Smyrna (Izmir auf dem kleinasiatischen Festland) kennenlernt und mit dem ihn eine tiefe, homoerotisch getönte Freundschaft verbindet, bis sie sich über Alabandas Zugehörigkeit zu einem Geheimbund entzweien und getrennte Wege gehen. Erst im zweiten Buch des ersten Bandes wird die weibliche Hauptfigur Diotima eingeführt. Der schon in *Hyperions Jugend* verwendete Name ist aus Platons Dialog *Symposion* übernommen; dort ist Diotima eine Seherin, die dem Sokrates, wie er beim Gastmahl berichtet, das Wesen der Liebe erklärt habe. Die Diotima des Romans wohnt bei ihren Eltern auf der Insel Kalaurea (Poros); der selbstlos zurückhaltende Freund Notara macht sie und Hyperion miteinander bekannt. Die beiden verlieben sich sogleich ineinander, Diotima wird von Hyperion als «himmlisches Wesen» (MA 1, 657) verehrt. Der erste Band kulminiert in einer gemeinsamen Reise nach Athen, das Hyperion in Ruinen vorfindet, was sein ideales Bild der antiken Vergangenheit ins Wanken bringt. Da er keine Lebensaufgabe mehr für sich sieht, droht Hyperion daraufhin in Resignation zu versinken, eine Haltung, die den Schluss von Voltaires Roman *Candide* (1759) variiert: «Was kümmert mich der Schiffbruch der Welt, ich weiß von nichts, als meiner seeligen Insel.» (MA 1, 691) Es ist Diotima, die erkennt, dass Hyperion «zu höhern Dingen geboren» ist (MA 1, 691): Er müsse eine mehrjährige Bildungsreise nach Italien, Frankreich und Deutschland unternehmen, um nach seiner Rückkehr «Erzieher unsers Volks» zu werden und das «schlummernde[] Land» erneut zum Blühen zu bringen (MA 1, 693). Der erste Band endet in der Euphorie dieser Perspektive.

Der Beginn des zweiten Bandes knüpft daran an, um die so geschürte Erwartung sogleich zu enttäuschen: Aufgrund eines Briefes von Alabanda ändert Hyperion seine Pläne radikal und zieht in den Krieg gegen die Türken, statt sein geplantes Bildungsprogramm zu absolvieren. Folgten also bislang die Hauptpersonen, die Hyperion Orientierung gaben, aufeinander, so treten sie nun erstmals in Konkurrenz zueinander: Hyperion wählt das Lebensmodell Alabandas statt das von Diotima vorgeschlagene. Das erweist sich als schlimme Fehlentscheidung, denn die anfängliche Begeisterung bricht rasch in sich zusammen, als sich die Griechen im Krieg unehrenhaft verhalten. Das erste Buch des zweiten Bandes schließt mit Hyperions Resignation, die aus den Briefen spricht, welche er an Diotima gerichtet hat und dann in Abschrift Bellarmin zukommen lässt. Zu Beginn des letzten Buches liegt Hyperion schwer verletzt danieder, nachdem er verzweifelt den Tod in der Schlacht gesucht hat; doch er findet Genesung und trifft den tot geglaubten Alabanda wieder. Hyperion hofft, dass alles sich noch zum Guten wendet und er nun, da die kriegerische Option endgültig gescheitert ist, seine beiden wichtigsten Freundschaften, die zu Diotima und die zu Alabanda, miteinander vereinbaren kann. Doch verliert er kurz hintereinander beide: Der durch seine Geheimbundmitgliedschaft traumatisierte Alabanda liefert sich seinen ehemaligen Mitstreitern aus und wird mutmaßlich von diesen ermordet. Diotima glaubt, dass Hyperion nach seinen Abschiedsbriefen vor der Schlacht gefallen sei, und stirbt, da ihre Lebenskraft verbraucht ist, obwohl sie noch von ihm erfährt, dass er überlebt hat. Aus ihrem Abschiedsbrief aber spricht eine Reife und Vollendung, die Hyperion selbst noch lange nicht erreicht hat. Nun ist Hyperion ganz allein und unternimmt doch noch die Bildungsreise nach Deutschland, in das Land Bellarmins, zu der ihm Diotima lange zuvor geraten hatte. Doch die Deutschen erweisen sich ihm als «Barbaren von Alters her» (MA 1, 754), als zerrissenes Volk, in dem jeder nur für seine egoistischen Ziele lebt und das Ideal der Menschwerdung gänzlich verfehlt – so die berühmte ‹Scheltrede› Hyperions im vorletzten Brief des Romans. Hyperion zieht sich daher resigniert als der ‹Eremit›, der er schon im Titel des Buches genannt wird, auf die griechische Insel Salamis zurück. Dort, in der Einsamkeit, hört er Diotimas Stimme, die ihm den Weg weist zu einer Weltsicht der Einheit mit der Natur, die alle «Dissonanzen» (MA 1, 760) überwindet. Die Schlussformel «So dacht ich. Nächstens mehr.» (MA 1, 760) scheint auf eine mögliche Fortsetzung des Romans vorauszudeuten. In Wahrheit führt sie aber auf den Anfang des Textes zurück. Denn erst jetzt, in der selbst gewählten Einsamkeit, hat Hyperion den geistigen Zustand erreicht, der es ihm ermöglicht, die Briefe an Bellarmin zu schreiben, als die sich uns der Roman präsentiert: «Der liebe Vaterlandsboden giebt mir wieder Freude und Laid.» (MA 1, 613), lautet der erste Satz des Romans.

Die Struktur des Textes ist also einerseits eine Kreisbewegung; andererseits entwickelt sich der Ich-Erzähler durch das Schreiben der Briefe stetig weiter, in einer Art Spirale, die man als erzählerische Umsetzung der Figur der ‹exzentrischen Bahn› ansehen kann. Was in den der Buchausgabe vorangehenden Fassungen des Romans noch in die Vorreden des Autors oder des fiktiven Herausgebers ausgelagert wurde, die Reflexion über die Funktion der Kunst und besonders der Dichtung in der Moderne, findet sich nun in die Romanhandlung eingelagert, vor allem in die Überlegungen des Briefschreibers Hyperion und in dessen Gespräche mit Diotima. So können die Lebenserfahrungen, die man in der Gegenwart machen kann, eine Bedeutung für die Bildung des Individuums bekommen, die zuvor nur den Idealen der Antike zugemessen worden war. Der Briefschreiber Hyperion formuliert das im ersten Satz des ‹Athenerbriefes›, der das zweite Buch des ersten Bandes abschließt, im Vorausblick auf die Reise nach Athen, von welcher der Brief berichtet:

Es giebt große Stunden im Leben. Wir schauen an ihnen hinauf, wie an den kolossalischen Gestalten der Zukunft und des Altertums, wir kämpfen einen herrlichen Kampf mit ihnen, und bestehn wir vor ihnen, so werden sie, wie Schwestern, und verlassen uns nicht. (MA 1, 680)

Hölderlins *Hyperion* ist also kein Bildungsroman in dem schlichten Sinne, dass in ihm die Entwicklung eines naiven Helden durch viele Stufen hindurch zu einem vorbildlichen Mitglied der Gesellschaft geschildert würde. Vielmehr wird auf komplexe Weise ein Weg durch das Leben hindurch zur Kunst und wieder zurück ins Leben dargestellt. Manfred Engel (1993)

9 Susette Gontard, um 1795. Büste von Landolin Ohnmacht, Frankfurt am Main, Herbert de Bary

rechnet daher den *Hyperion* zusammen mit Goethes Roman *Wilhelm Meisters Lehrjahre*, Friedrich Schlegels *Lucinde* und Novalis' *Heinrich von Ofterdingen* zur Gruppe der ‹Transzendentalromane›, also zu einem Romantypus, in dem wie in der Transzendentalphilosophie Kants die Bedingungen seiner Möglichkeit stets mit reflektiert werden, meist durch den Erzähler.

Der *Hyperion* ist aber sicherlich nicht nur das, sondern er ist auch die detaillierteste dichterische Ausformung von Hölderlins Gedanken- und Bilderwelt. Und er ist ein Roman über die bedingungslose Liebe und ihre Aporien. Nicht zuletzt die Verquickung der Figuren mit Hölderlins Biographie, die Hölderlin selbst betrieben hat, macht bis heute einen großen Teil der Faszination des Romans aus. Denn Hölderlin nennt nicht nur die weibliche Hauptfigur des Romans in der Buchfassung Diotima, sondern ebenso die Geliebte, an die er viele seiner Gedichte aus der zweiten Hälfte der 1790er Jahre adressiert. Und er belegt auch seine reale Geliebte Susette Gontard mit diesem Namen. Die handschriftliche Widmung im zweiten Band des Romans aus dem Herbst 1799, mehr als ein Jahr nach der Trennung und etwa zweieinhalb Jahre vor dem Tod der Geliebten, lautet: «Wem sonst als Dir.» (MA 3, 316)

IX. Formen des Tragischen

1. *Der Tod des Empedokles*

Hölderlin reflektiert in seiner Dichtungstheorie zwar intensiv über das ‹Epische›, schreibt dann aber doch kein großes Versepos, wie es gleichzeitig Goethe mit *Hermann und Dorothea* (1797) noch einmal vorlegt. Mit dem *Hyperion* erarbeitet er vielmehr einen erzähltechnisch komplexen und experimentellen Roman, der eher eine Umsetzung aktueller philosophischer Tendenzen als ein Buch ist, das die Erwartungen des zeitgenössischen Publikums erfüllt; große Teile der nur 350 Exemplare betragenden Auflage bleiben daher über Jahre unverkauft. Hölderlin selbst scheint nach dem mühsamen, sich über mehr als sieben Jahre hinziehenden Entstehungsprozess des *Hyperion* zu keinem Zeitpunkt einen weiteren Roman oder auch Prosa-Erzählungen kleineren Formats geplant zu haben.

Ganz anders sieht es mit dem ‹Tragischen› aus, das nach Abschluss des *Hyperion* – neben dem für Hölderlin durchgehend wichtigen ‹lyrischen Gedicht› – in den Mittelpunkt seiner poetologischen Überlegungen rückt. Bereits seit 1794 plante der Dichter, eine Tragödie über den Tod des Sokrates «nach den Idealen der griechischen Dramen» zu schreiben (an Neuffer, 10.10.1794; MA 2, 550). Dieser Plan wird nicht weiter verfolgt; stattdessen entwickelt Hölderlin im Sommer 1797, also nach dem Erscheinen des ersten *Hyperion*-Bandes und während der Arbeit am zweiten Band, den sogenannten *Frankfurter Plan* für ein dem vorsokratischen sizilianischen Philosophen Empedokles gewidmetes *Trauerspiel in fünf Akten* (MA 1, 763–766): «Ich habe den ganz detaillirten Plan zu einem Trauerspiele gemacht, dessen Stoff mich hinreißt.» (an Karl Gok, August 1797;

MA 2, 661) Im Gegensatz zu Sokrates, den etwa Moses Mendelssohn in seinen viel gelesenen Dialogen *Phädon oder über die Unsterblichkeit der Seele* (1767) erneut auftreten ließ, ist Empedokles von Agrigent (5. Jh. v. Chr.) eine bis dahin kaum jemals dichterisch gestaltete Figur der Antike. Er gilt als Begründer der Lehre von den vier Elementen der Natur. Seine beiden Hauptwerke, die Lehrgedichte *Über die Natur* und *Die Reinigungen*, sind nur in Bruchstücken überliefert. Spektakulär aber ist die Legende, dass Empedokles sich in den Ätna gestürzt habe. Der spätantike Autor Diogenes Laërtios (3. Jh. n. Chr.) berichtet davon im achten Buch seiner *Leben und Meinungen berühmter Philosophen*. Horaz (1. Jh. v. Chr.) verspottet am Ende seines Lehrbriefes über die Dichtkunst (*Ars Poetica*, V. 463–466) die Hybris des Empedokles, dessen «Verlangen, für einen unsterblichen Gott gehalten zu werden», ihn zum Selbstmord im Ätna getrieben habe. Dagegen hebt Lukrez (1. Jh. v. Chr.) in seinem Lehrgedicht *De rerum natura* (I. Gesang, V. 731–733) die göttliche Herkunft und Inspiration des Empedokles ohne Vorbehalte hervor. Empedokles wird schon im letzten Buch von Hölderlins *Hyperion* zu einer Bezugsfigur für den Ich-Erzähler:

Gestern war ich auf dem Aetna droben. Da fiel der große Sicilianer mir ein, der einst des Stundenzählens satt, vertraut mit der Seele der Welt, in seiner kühnen Lebenslust sich da hinabwarf in die herrlichen Flammen, denn der kalte Dichter hätte müssen am Feuer sich wärmen, sagt' ein Spötter [Horaz] ihm nach. (MA 1, 753)

Der *Frankfurter Plan* ist ein knapper Handlungsabriss, der den ersten Akt detailliert, den zweiten verkürzend und die letzten drei Akte nur resümierend erläutert. Der Philosoph wird hier noch als Familienmensch mit Frau und Kindern entworfen; seine gesellschaftliche Umgebung, von der er sich zunehmend distanziert, soll offenbar in bunten Genreszenen dargestellt werden («Fest der Agrigentiner. Ein Kaufmann, ein Arzt, ein Priester, ein Feldherr, ein junger Herr, ein altes Weib. Aergerniß des Empedokles.» MA 1, 764).

Doch erst nach Abschluss der Arbeiten am zweiten Band des

1. Der Tod des Empedokles

Hyperion, wohl in den ersten Monaten des Jahres 1799, greift Hölderlin das Tragödienprojekt wieder auf. Der weite Bogen des *Frankfurter Plans* wird dabei nicht realisiert. Vielmehr schreibt Hölderlin von seinem *Ersten Entwurf* nur zwei Akte nieder, die jedoch immerhin um die 2000 Blankverse umfassen und sich damit fast der Länge eines abendfüllenden Dramas annähern. Die Umfänge in den verschiedenen Ausgaben weichen stark voneinander ab, was darauf zurückzuführen ist, dass der handschriftliche Befund außerordentlich kompliziert ist. Das Personal ist noch relativ groß: der Protagonist Empedokles, der sich mehr und mehr aus der Gesellschaft in die Konfrontation mit den Elementen der Natur zurückzieht und sich am nicht ausgeführten Ende aus Lebensüberdruss in den Ätna stürzt, sein Schüler Pausanias (der schon in den antiken Quellen als Lieblingsschüler des Philosophen genannt wird), seine beiden Anhängerinnen Panthea und Delia, sein weltlicher Gegner, der Archon (politische Anführer) Kritias, sein geistlicher Gegner, der Priester Hermokrates, sowie allerlei Bürger, Bauern und Sklaven. Nachdem Empedokles in den ersten beiden Szenen von seinen weiblichen Jüngern und seinen mächtigen Gegnern widersprüchlich charakterisiert wurde, tritt er selbst in der dritten Szene mit einem Monolog auf, in dem er sich an die Natur wendet und vergeblich seine Götter sucht. Pausanias versucht, ihn in die profane Realität zurückzuholen, bevor es zur politischen Anklage des Philosophen vor dem Volk kommt; Empedokles' Gegner werfen ihm anmaßendes Verhalten vor, womit sie ihn in die Verbannung zwingen.

Auch die Trauer seiner Anhänger und seiner Sklaven kann Empedokles nicht von seinem verhängnisvollen Schritt zurückhalten, wobei diese nicht ahnen, dass er nicht nur das Land verlässt, sondern sein Leben fortwirft.

Der zweite Akt zeigt Empedokles bereits in einer «Gegend am Ätna» nahe einer «Bauerhütte» (MA 1, 806); nur sein Schüler Pausanias ist bei ihm. Hölderlin notiert sich als Ziel seiner Darstellung, deutlich zu machen, «daß es für ihn zur Unmöglichkeit wird, je wieder umzukehren» (MA 1, 806). Ein Bauer erkennt Empedokles als den «Verfluchte[n] / Von Agrigent» (MA 1, 808,

V. 1051 f.). Empedokles möchte nun auch Pausanias hinter sich lassen; da kommt noch einmal das ihm zuvor so feindlich gesinnte «Volk» mit seinem geistlichen und seinem politischen Anführer zu ihm auf den Ätna, um ihn reumütig zurückzuholen, ja zum König zu krönen; doch Empedokles lehnt mit dem machtvollen Satz ab: «Diß ist die Zeit der Könige nicht mehr.» (MA 1, 818, V. 1325) Und resignierend stellt er fest: «Diß ist mein Herbsttag und es fällt die Frucht / Von selbst.» (MA 1, 820, V. 1390 f.) Dennoch setzt sich die letzte große Auseinandersetzung des Empedokles mit seinen Gegnern und Freunden fort, allerdings in zum Teil schon fragmentarischen Partien; Hölderlin fordert von sich selbst in einer Fußnote: «stärker! stolzer! lezter höchster Aufflug!» (MA 1, 827) Schließlich macht Empedokles seinem Schüler Pausanias klar, dass er in den Tod gehen muss, und schickt den Jüngeren fort. Die letzten beiden Szenen zeigen Panthea und Delia, zu denen Pausanias stößt, um ihnen den voraussichtlich bevorstehenden Tod des Meisters, den er selbst kaum fassen kann, begreiflich zu machen: «O bei den Seeligen! verdamme nicht / Den Herrlichen, dem seine Ehre so / Zum Unglük ward, / Der sterben muß, weil er zu schön gelebt.» (MA 1, 836 f., V. 1883–1886) Hier zerbrechen schon die Blankverse, und der erste Entwurf endet gleich darauf.

Das dramaturgische Problem dieser am weitesten ausgeführten Fassung des *Empedokles* ist, dass der dramatische Konflikt spätestens mit dem Ende des zweiten Aktes schon aufgelöst ist: Es gibt kaum noch Möglichkeiten, das weitere Geschehen in den fehlenden drei Akten zu gestalten, nachdem Empedokles sich bereits von allen seinen Gegnern und Freunden verabschiedet hat. Das liegt auch daran, dass die Handlung des *Ersten Entwurfs* sehr viel später einsetzt, als es im *Frankfurter Plan* vorgesehen war, der noch etliche Alltagskonflikte skizzierte, die freilich mit dem Kernthema, dem Leiden des großen Einzelnen an der Gesellschaft, nur entfernt zu tun hatten («Zärtliche Klagen des Weibs über Empedokles Mismuth. Herzliche Entschuldigungen des Empedokles. Bitte des Weibs, bei dem großen Feste mit zu seyn, um da sich vielleicht zu erheitern» MA 1, 764).

Das Problem verschärft sich mit dem *Zweiten Entwurf*, der

1. Der Tod des Empedokles

bis zur Jahresmitte 1799 entsteht: Er ist nun ausdrücklich *Der Tod des Empedokles. Ein Trauerspiel in fünf Acten* überschrieben, doch fragmentarisch ausgeführt werden nur die ersten drei Szenen des ersten Aktes und die siebte Szene des zweiten (die Zählung in der DKV-Ausgabe weicht hier ab). Diese Fassung enthält in der MA nur noch 717 Verse, die zudem meist keine Blankverse mehr sind, sondern kürzere, oft aber noch jambische Verse. Das Personal ist im Bereich der Nebenfiguren reduziert: Neben Empedokles und seine drei Anhänger Pausanias, Panthea und Delia treten seine beiden Gegner, der Priester Hermokrates und der weltliche Anführer, der nun Mekades heißt. Hinzu kommen nur noch drei Agrigentiner, die im Personenverzeichnis namentlich genannt werden. Die großen Massenszenen sollten also offenbar in dieser Fassung keine Rolle mehr spielen. Das Stück setzt nun ein mit dem ausführlichen, 275 Verse umfassenden Dialog der beiden Gegner, die ihre Anklagepunkte gegen Empedokles weitaus schärfer formulieren als in der ersten Fassung, wozu die verknappten Verse viel beitragen. So sagt Hermokrates: «Das hat zu mächtig ihn / Gemacht, daß er vertraut / Mit Göttern worden ist. / Es tönt sein Wort dem Volk, / Als käm es vom Olymp; / Sie dankens ihm, / Daß er vom Himmel raubt / Die Lebensflamm' und sie / Verräth den Sterblichen.» (MA 1, 842, V. 29–37) Der Vorwurf ist also, dass Empedokles durch seine übergroße, möglicherweise aber nur angemaßte Nähe zu den Göttern zu einer Art Volksanführer geworden ist, der die Legitimität der geistlichen und weltlichen Mächte ins Wanken zu bringen droht. Der in der griechischen Mythologie meist Prometheus zugeschriebene Frevel, das himmlische Feuer geraubt und den Menschen gebracht zu haben, ist hier die Tat des Empedokles. Das Stück könnte aus den Konflikten, die in dieser Szene angelegt sind, erhebliches dramaturgisches Potenzial schöpfen, etwa in einer Art Gerichtsdrama. Doch folgt nun ähnlich wie in der ersten Fassung der Monolog des Empedokles, der den Konflikt in dessen Inneres verlegt: «Weh! einsam! einsam! einsam! / Und nimmer find' ich / Euch, meine Götter, / Und nimmer kehr ich / Zu deinem Leben, Natur! / Dein Geächteter! weh!» (MA 1, 852, V. 340–345) Ausgeführt werden weiterhin nur noch das Gespräch des Protagonisten mit Pausanias und zwei fragmentarische Szenen der beiden weiblichen Jünger, zu denen dann Pausanias stößt. Die Erwartung, die in der ersten Szene aufgebaute dramatische Spannung werde im weiteren Verlauf entfaltet und zur Katastrophe getrieben, wird damit enttäuscht.

Es überrascht, dass Hölderlin, der im Zusammenhang mit seinem Journalplan etliche Dramen Shakespeares studiert und analysiert hat (vgl. an Neuffer, 4.6.1799; MA 2, 765), fast gleichzeitig ein so eigenwilliges Drama entwirft. Die Überraschung steigert sich noch, wenn man Hölderlins unterwürfigen Brief an Schiller aus der ersten Septemberhälfte 1799 (MA 2, 819 f.) hinzuzieht, in welchem er die «*Composition*», «den innern Bau, die ganze lebendige Gestalt» der frühen Dramen Schillers wie der *Räuber* und des *Fiesko*, in die er sich erneut vertieft habe, in den höchsten Tönen lobt. Er habe Schillers Rat befolgt, sich

> [...] alles Ernsts in dem Tone vorzüglich auszubilden, der ohne kapricios zu seyn meiner natürlichen ungestörten Sinnesart am nächsten zu liegen schien [...]. Ich glaubte jenen Ton, den ich mir vorzüglich zu eigen zu machen wünschte, am vollständigsten und natürlichsten in der tragischen Form exequiren [ausführen] zu können, und habe mich an ein Trauerspiel, den Tod des Empedokles, gewagt [...]. (MA 2, 819)

Sieht man einmal davon ab, dass Schiller zu diesem Zeitpunkt sein mehr als anderthalb Jahrzehnte altes Frühwerk längst hinter sich gelassen hat und inzwischen an seinem *Wallenstein* arbeitet (was Hölderlin nicht wissen kann), so scheint doch die Orientierung gerade an den stark von William Shakespeare geprägten Sturm-und-Drang-Dramen Schillers so gar nicht zu Hölderlins eigenen dramatischen Entwürfen dieser Zeit zu passen. Der vergebliche Versuch, sich dem verehrten Vorbild anzunähern, und ein nicht unerhebliches Maß Selbsttäuschung scheinen hier zusammenzukommen.

Um aus der Aporie, in der auch der *Zweite Entwurf* des *Empedokles* endet, herauszukommen, macht Hölderlin das, war er immer in kritischen Situationen macht – und darin ähnelt er wirklich Schiller: Er wirft sich auf die Theorie und versucht so, eine neue Grundlage für sein Schreiben zu finden. Wohl im

Oktober 1799 schreibt er die aufeinander folgenden Aufsatzfragmente *Die tragische Ode...*, *Allgemeiner Grund* und *Grund zum Empedokles* nieder, aus denen der Plan zu einer dritten Fassung entsteht. Es geht hier – wie auch in dem späteren, aus dem *Dritten Entwurf* des Trauerspiels hervorgehenden Fragment *Das untergehende Vaterland...* – um Grundbestimmungen des politischen Verhältnisses von Einzelnem und Allgemeinem und um das Gegeneinanderwirken ordnender und chaotischer Kräfte, des ‹organischen› und des ‹aorgischen› Prinzips. Der neue Plan (MA 1, 878–881) stellt dem Empedokles nun seinen Bruder, den König, gegenüber, sowie seine Schwester, die beide miteinander versöhnen will. Ferner tritt ein ‹Greis› hinzu, wohl eine Art Seherfigur in antiker Tradition. Hölderlin versucht in der Skizze eine unmittelbare Umsetzung seiner Lehre vom Wechsel der Töne («Greis. reflektirend idealisch. // König. heroisch reflektirend.» MA 1, 879) und seiner geschichtsphilosophischen Überlegungen.

Der im Winter 1799/1800 geschriebene *Dritte Entwurf* – der möglicherweise *Empedokles auf dem Ätna* überschrieben werden sollte (vgl. die separate Notiz in FHA 6, 208) – setzt abermals neu an und ist keine unmittelbare Realisierung des vorangehenden Plans, aus welchem jedoch die Geschwisterkonstellation übernommen wird: «Strato, Herr von Agrigent» ist «Bruder des Empedokles», Panthea «seine Schwester». Pausanias, nun «sein Freund» genannt, bleibt auch hier erhalten (MA 1, 884); es entfällt jedoch die zweite weibliche Figur. An die Stelle des agrigentinischen Priesters bzw. des ‹Greises› aus dem Plan tritt nun «Manes. Ein Aegyptier» (MA 1, 884). Neu hinzu kommt auch neben nur pauschal benanntem «Gefolge» der «Chor der Agrigentiner» (MA 1, 884). Damit führt Hölderlin erstmals in seinen *Empedokles* den Chor ein, ein zentrales Strukturelement der griechischen Tragödie, das dort als Stimme der städtischen Gemeinschaft den Gegenpol zu den individuellen Akteuren bildet. Realisiert werden jedoch nur wenige Zeilen des Chors am Schluss, so dass dessen genaue Funktion kaum deutlich wird.

Insgesamt besteht der *Dritte Entwurf* nur aus den ersten vier Szenen des ersten Aktes; in der MA sind es 496 Verse. Dabei kehrt Hölderlin zum Blankvers zurück. Wieder wird der Handlungseinsatz anders gewählt: Der Monolog des Empedokles rückt von der dritten Stelle (im *Ersten Entwurf*) über die zweite Stelle (im *Zweiten Entwurf*) an die erste Position. Während im ersten Ansatz die beiden Lager – Anhänger und Gegner des Empedokles – in ihren widerstreitenden Meinungen über den Philosophen noch ausgleichend zu Wort kamen, setzte der zweite Versuch gleich auf die dramatische Zuspitzung, indem er die Exposition des Konflikts aus dem Munde von Empedokles' Gegnern an den Anfang rückte – um dann gleich darauf in ein Zwiegespräch des Philosophen mit der Natur und den abwesenden Göttern hinüberzuschwenken. Nun, im *Dritten Entwurf*, steht dieser Monolog des «*vom Schlaf erwachend*[*en*]» (MA 1, 885) Empedokles am Anfang. Damit ahmt Hölderlin eine Technik nach, die beispielsweise Goethe in *Iphigenie auf Tauris* (1787) erprobt hatte: den Eingangsmonolog der Hauptfigur, der eine umfassende Rückblende auf die Vorgeschichte ermöglicht (worauf Hölderlin hier jedoch fast komplett verzichtet) und zugleich das Tempo der dramatischen Handlung niedrig hält – denn ein Protagonist, der Zeit hat, ausführlich zu sich selbst zu sprechen, scheint noch nicht zu schnellem Agieren gezwungen zu sein.

Auch inhaltlich ist offenbar von vornherein alles entschieden: Der «königliche[] Bruder» hat Empedokles bereits «Mit Schmach hinweg aus unsrer Stadt verwies[en]» (MA 1, 885, V. 20 f.); sein eigenes Volk hat den ehemals Verehrten verstoßen. Empedokles nimmt sich selbst aus maximaler Distanz in der dritten Person wahr: Mit einem Maß an Selbstironie, das man erst 80 Jahre später bei Friedrich Nietzsche erwarten würde, tritt er in seiner eigenen Rede auf als «der Träumer / Der närrische, [der] des Weges weinend gieng» (MA 1, 886, V. 30 f.). Die Verbannung nimmt er als verdiente Strafe an, denn er habe – wie es ahistorisch christianisierend heißt – seit seiner Jugend eine «Sünde» nach der anderen begangen (V. 34); insbesondere habe er «Die Menschen menschlich nie geliebt» (V. 36). Empedokles strebt nun nach Versöhnung und Seelenfrieden in der Vereinigung mit der als «Mutter» (V. 46) angerufenen Natur; er sucht den Tod in der «Flamme» (V. 50), die für ihn nicht

1. Der Tod des Empedokles

furchtbar ist: «Denn sterben will ich ja. Mein Recht ist diß.» (V. 55) Aufgrund dieser Entschiedenheit, von der seine Umgebung noch nichts weiß, ist das folgende lange Gespräch zwischen Pausanias und dem von diesem als «Mein Vater» (MA 1, 894, V. 271) angeredeten Empedokles über weite Strecken von Missverständnissen des Schülers geprägt. Erst am Ende macht Empedokles diesem die Unwiderruflichkeit seines Entschlusses und damit zugleich seinen Rückzug aus der Rolle des Gebieters und Ratgebers klar; stattdessen solle Pausanias auf einer langen Wanderschaft durch alle Kulturzonen sich selbst finden. Und schließlich wird eine Lehre von der ewigen Wiederkehr skizziert: «Geh! fürchte nichts! es kehret alles wieder, / Und was geschehen soll, ist schon vollendet.» (MA 1, 895, V. 308 f.) Hölderlin holt also mit den Äußerungen des Empedokles in der dritten Fassung den antiken Philosophen ganz in seine eigene, neuzeitlich geprägte Gedankenwelt hinein.

Den abgeklärten, zum Tode fest entschlossenen Empedokles scheint nichts aus der Ruhe bringen zu können; das Drama könnte so schon nach zwei Szenen schließen. Doch gelingt Hölderlin durch einen Kunstgriff noch eine Wendung: Der Ägypter Manes – also einer von dem Volk der «Brüder», zu dem Empedokles seinen Schüler eben geschickt hat (V. 300) – tritt unvermittelt auf als eine Art Alter Ego, dem Mephisto in Goethes *Faust. Ein Fragment* (1790) nicht unähnlich; auch in den Fragmenten des historischen Empedokles wird dem Gott ein böser Widersacher entgegengestellt (vgl. Bollack 1997). Manes will Empedokles «Nicht unbesonnen, wie du bist, hinab» (MA 1, 897, V. 346) in den Abgrund lassen; er soll, geadelt durch «deine schwarze Sünde» (V. 349), als «der neue Retter» (V. 362), «der Abgott seiner Zeit» (V. 372), eine letzte historische Aufgabe auf sich nehmen, gleichsam als eine Art Anti-Messias. Doch bleiben auch dem Ägypter Zweifel: «Bist du der Mann? derselbe? bist du diß? / […] / O sage, wer du bist! und wer bin ich?» (MA 1, 897 f., V. 378 und 381) Nun erst fasst sich Empedokles in einem großen Monolog wieder: Er weist die Zumutung des ‹Versuchers› und ‹bösen Geistes› zurück und besinnt sich darauf, dass er seine historische Aufgabe schon erfüllt hat;

nun, in einer von Krisen geschüttelten Zeit, bleibt ihm nur noch, «in heil'ge Flammen» (MA 1, 900, V. 458) hinabzugehen. Seltsam unentschieden wirkt dann die Wendung, er wolle jetzt noch nicht gehen, sondern noch einmal «Freude» erleben und die «Freunde meiner Jugend» treffen (MA 1, 901, V. 479 und 481). Die Skizze der weiteren vier Akte besteht nur noch aus Personenangaben sowie poetologischen Zuordnungen («lyrisch oder episch?»; MA 1, 902) und dramaturgischen Kommentaren. Die Arbeit am Drama bricht damit ab und geht in das geschichtsphilosophische Fragment *Das untergehende Vaterland...* über.

Der *Empedokles* ist neben den Aufsatzfragmenten wohl der sperrigste Teil von Hölderlins Werk. Ist er auch Dokument eines mehrfachen Scheiterns? Die Rezeptions- und Forschungsgeschichte scheint darauf hinzudeuten. Für das Bild von Hölderlin zur Zeit von dessen aktivem Wirken hat der *Empedokles* keine Rolle gespielt; eine Kompilation aus den verschiedenen Fragmenten erscheint erst im Anhang der ersten Gedichtausgabe von 1826. Die wissenschaftlichen Editionen des 20. Jahrhunderts haben den Text vollständig zugänglich gemacht, allerdings in stark voneinander abweichenden Versionen. Erst 1916 kam es zur Uraufführung des Stücks. In den letzten Jahrzehnten setzten die Inszenierung von Klaus Michael Grüber (Berlin 1975, nur der *Dritte Entwurf*) und die Verfilmungen zweier Fassungen von Jean-Marie Straub und Danièle Huillet (1986/89) Maßstäbe. Am radikalsten setzte Frank-Patrick Steckel 1984 in Hamburg sich und alle Beteiligten dem Text aus: Er ließ alle drei Fassungen vollständig hintereinander spielen, teils als szenische Lesung.

Theresia Birkenhauer (1996 und 2002) hat den *Empedokles* aus der Nische der Forschung herausgeholt und seine spezifischen Qualitäten erarbeitet: Das Stück sei kein «klassizistisches Interim» auf dem Weg zum lyrischen Spätwerk. Vielmehr finde die von Peter Szondi allein der Lyrik Hölderlins zugeschriebene «Überwindung des Klassizismus» gerade «in der Arbeit am Trauerspiel» statt (2002, S. 222). Das heißt, man sollte den *Empedokles* nicht nach den Maßstäben beurteilen, die man an Dramen von Sophokles, Shakespeare, Schiller oder Goethe gewinnen kann, sondern man sollte ihn daran messen, was Hölderlin in seinen poetologischen Texten als das ‹Tragische› erarbeitet und was er in dem mühevollen Schreibprozess erreicht: einen gedankenvollen dramatischen Text, der die dramaturgischen Normen, die zu seiner Zeit galten, möglicherweise in Frage stellt. Wollte man sich noch einen Schritt weiter wagen, könnte man im *Empedokles* (besonders im *Dritten Entwurf*) sogar schon einen frühen Vorläufer des heutigen ‹postdramatischen› Theaters sehen, in dem selbstreflexive Sprachbewegungen an die Stelle klarer Figurenkonstellationen und Handlungsstränge treten.

2. Die Trauerspiele des Sophokles

Auch nach 1800 gibt Hölderlin die Tragödie und die Theorie des Tragischen nicht auf. Ein Dokument dessen ist der knappe Entwurf mit dem Beginn *Die Bedeutung der Tragödien ...*, vermutlich aus dem Jahr 1803. Hier wird das «Paradoxon» entwickelt, dass im Tragischen «das Zeichen an sich selbst unbedeutend, wirkungslos» sei, also «= 0 gesetzt wird», während «das Ursprüngliche, der verborgene Grund jeder Natur sich darstellen könne» (MA 2, 114). Das ist nicht leicht zu verstehen, doch klingt hier noch einmal der Gedanke an, dass es für Hölderlin in der Tragödie immer um das konflikthafte Verhältnis des Einzelnen zum Allgemeinen, also der handelnden Personen zum «*Untergang oder Übergang des Vaterlandes*» (MA 2, 72) geht. Wie etwa «Empedokles ein Opfer seiner Zeit werden» muss (MA 1, 872), so wird auch hier das Individuum als einzelnes «Zeichen» von dem ursprünglichen, natürlichen Grund abgehoben und mit null gleichgesetzt.

Hölderlin arbeitet das nicht mehr an einem tragischen Stoff aus, den er selber dramatisch bearbeitet, sondern er macht sich, wohl schon in Bordeaux 1802, an eine Übersetzung von Tragödien des Sophokles, die er Ende 1802 an Freunde schickt mit der Bitte, einen Verlag dafür zu finden (vgl. MA 3, 430). Erst im Sommer 1804 jedoch erscheinen zwei Bände unter dem Titel *Die Trauerspiele des Sophokles. Übersetzt von Friedrich Hölderlin* bei Wilmans in Frankfurt am Main. Der erste Band enthält *Oedipus der Tyrann*, der zweite *Antigonä*. Die beiden Bände sind nach dem ebenfalls zweibändigen *Hyperion* Hölderlins zweite Buchveröffentlichung und zugleich die letzte, die er noch selbst verantwortet. Es erscheint weder eine Fortsetzung mit weiteren Tragödien noch die geplante längere Einleitung (vgl. an Wilmans, 8.12.1803; MA 2, 925 f.). Der hohe Anspruch, den Hölderlin mit dieser Übersetzungsarbeit erhebt, geht aus der gedruckten Widmung an Prinzessin Auguste von Homburg in Band 1 hervor. Er bedankt sich darin bei dieser für die Jahre zuvor erfahrene Ermunterung und fährt fort:

Jetzt hab' ich, da ein Dichter bei uns auch sonst etwas zum Nöthigen oder zum Angenehmen thun muß, diß Geschäft gewählt, weil es zwar in fremden, aber festen und historischen Gesezen gebunden ist. Sonst will ich, wenn es die Zeit giebt, die Eltern unsrer Fürsten und ihre Size und die Engel des heiligen Vaterlands singen. (MA 2, 248)

Hölderlin unterscheidet hier also seine gegenwärtig gewählte Übersetzungsaufgabe, die den Gesetzen einer ‹fremden› Dichtkunst gewidmet sei und daher nur vorläufiger Ersatz sein könne, von seiner eigentlichen, noch vor ihm liegenden Aufgabe, das ‹Vaterland›, insbesondere dessen Herrscher und deren Geschichte, zu besingen (ähnlich auch im Brief an Seckendorf vom 12.3.1804; MA 2, 928). In einigen seiner späten Gedichtfragmente versucht er, diesem Programm gerecht zu werden. Der Anspruch Hölderlins kommt auch in der Verlagsanzeige zum Ausdruck, die verspricht, die vorgelegte «klassische[] Übersetzung», an der Hölderlin «10 Jahre [...] gefeilt» habe, beobachte durchgehend «Treue, Präcision und den Genius der deutschen Sprache» (StA 7.4, 95).

Die zeitgenössische Rezeption dagegen ist vernichtend. Insbesondere Heinrich Voß, der Sohn des Homer-Übersetzers Johann Heinrich Voß, polemisiert in der *Jenaischen Allgemeinen Literatur-Zeitung* gegen die Übersetzung, die gleichermaßen «Kenntniß beider Sprachen, ergiebige Fülle, Gewandtheit, und richtiges Gefühl für das eine nothwendige des Ausdrucks» vermissen lasse und stattdessen «regellose Kühnheiten», «seltsame Bezeichnungen» und einen «schwankenden Ausdruck» biete, so dass ein höchst fragwürdiges «originelles Werk» entstanden sei (StA 7.4, 97 f.). Voß wirft in einem Brief an Bernhard Rudolf Abeken vom 29.10.1804 die Frage auf, ob es sich bei Hölderlins Veröffentlichung um «eine versteckte Satire auf schlechte Uebersetzer» handele. Mit seiner Lesung ausgewählter Passagen, etwa mit Vers 21 aus der *Antigonä* – «Was ist's, du scheinst ein rothes Wort zu färben?» (MA 2, 319) –, habe er Goethe amüsieren und Schiller zum schallenden Lachen bringen können (StA 7.2, 303 f.).

Hölderlins Übersetzung versucht in den meisten Fällen, die originalen Wortbedeutungen und auch die ganz anderen Regeln folgende Wortstellung des Griechischen im Deutschen zu erhalten, und kommt dadurch mitunter zu befremdlich klingenden Formulierungen (vgl. Böschenstein 2006, S. 63–77). Metaphern werden wörtlich übersetzt und bleiben so häufig unverständlich. Zugleich führt Hölderlin sehr konkrete bildliche Ausdrücke in seine Übersetzung ein, die sich so bei Sophokles gar nicht finden («Ich habe gehört, der Wüste gleich sei worden / Die Lebensreiche [...]»; MA 2, 348, V. 852 f.). Mythologische Namen werden, besonders in der *Antigonä*, durch Umschreibungen ersetzt («der Erde Vater» statt ‹Zeus›; MA 2, 319, V. 2). Hölderlin verfolgt mit diesen verfremdenden Verfahrensweisen eine präzise Absicht, wie sein Brief an Wilmans vom 28. September 1803 deutlich macht:

Ich hoffe, die griechische Kunst, die uns fremd ist, durch Nationalkonvenienz und Fehler, mit denen sie sich immer herum beholfen hat, dadurch lebendiger, als gewöhnlich dem Publikum darzustellen, daß ich das Orientalische, das sie verläugnet hat, mehr heraushebe, und ihren Kunstfehler, wo er vorkommt, verbessere. (MA 2, 925)

Hölderlin sieht also «Fehler» in seiner griechischen Vorlage, die ihre Abhängigkeit von noch älterer, orientalischer Literatur «verläugnet» habe. Das Bemühen, dieses noch Ältere, Fremdere mit den Mitteln der Übersetzung herauszuarbeiten, soll die Mängel des Sophokles-Textes heilen. Es ist jedoch kein Wunder, dass dieses Verfahren beim Leser den Eindruck potenzierter Fremdheit erwecken kann.

Es ist mittlerweile nachgewiesen, dass Hölderlins Übersetzung überwiegend auf einer überholten griechischen Textvorlage, der *Brubachiana* aus dem Jahr 1555, beruht und dass in ihr zahlreiche Fehler und Missverständnisse zu finden sind (vgl. den Kommentar in DKV 2, 1322–1332). Das ist auch darauf zurückzuführen, dass Hölderlin sich mit dem Griechischen nach seiner Schul- und Studienzeit eben nicht als professioneller Philologe, sondern als Leser und Dichter beschäftigte und bis dahin Übersetzungen nur für sich selbst angefertigt hatte. Dennoch hat sich die Rezeption von Hölderlins Sophokles-Übersetzungen in den letzten Jahren umgekehrt: Sie gelten insbesondere auf dem Theater als kreative Sprachschöpfungen, als eigene dichterische Werke Hölderlins und werden beide, besonders aber die *Antigonä*, weitaus häufiger gespielt als sein *Empedokles*, häufiger auch als die meisten konventionelleren, glatteren Übersetzungen. Nicht zuletzt haben die Bearbeitungen von Hölderlins *Antigonä* durch Bertolt Brecht (1948) und seines *Oedipus* durch Heiner Müller (1967), die beide die Fremdartigkeit von Hölderlins Sprache eher verstärken, zu der anhaltenden Wirkung dieser Übersetzungen beigetragen.

X. Formen des Lyrischen

Während Hölderlin sein Romanprojekt von 1792 bis 1799 verfolgt und seine Arbeiten auf dem Gebiet der Tragödie ihn von 1794 bis 1804 beschäftigen, ist er als Lyriker zeit seines Lebens tätig. Die Gedichte stammen aus sechs Jahrzehnten: Die frühesten sind aus dem Jahr 1784 überliefert; die letzten beiden Gedichte, *Der Frühling* (*Die Sonne kehrt zu neuen Freuden*...) und *Die Aussicht*, schrieb er, wie sein Neffe Fritz Breunlin notiert, «in seinen lezten Lebenstagen» (MA 3, 364), also Anfang Juni 1843. Die Gedichte machen zwar den größten und wichtigsten Teil von Hölderlins dichterischem Werk aus, doch konnte er sie nie zu einer Buchpublikation oder gar zu einem Band

‹Gesammelter Gedichte› zusammenfassen. Allerdings wäre es auch eine Fehleinschätzung zu meinen, Hölderlin habe kaum etwas von seinen Gedichten veröffentlichen können. Wie man dem Verzeichnis der Drucke (MA 3, 26–32) entnehmen kann, hat Hölderlin seit 1792 zahlreiche seiner Gedichte publiziert, und zwar in einer Reihe zum Teil sehr angesehener literarischer Zeitschriften wie verschiedenen *Musenalmanachen*, in Schillers Journalen *Thalia* und *Die Horen* sowie in speziell auf ein weibliches Publikum ausgerichteten Periodika. Insgesamt hat Hölderlin etwa 30 Prozent seiner uns heute bekannten Gedichte veröffentlichen können.

Hölderlins Lyrik wurde von den Zeitgenossen wahrgenommen, wenn auch nicht mit besonderer Intensität und Euphorie. Dass August Wilhelm Schlegel, damals schon Mitherausgeber des *Athenaeums*, des wichtigsten Organs der Frühromantiker, ihn in seiner Rezension von Neuffers *Taschenbuch für Frauenzimmer von Bildung, auf das Jahr 1799* lobt («Hölderlins wenige Beiträge [...] sind voll Geist und Seele»; MA 3, 110), ist für Hölderlin offenbar so wichtig, dass er sich die betreffende Passage auf einem Blatt abschreibt, welches außerdem das Elegienfragment *Götter wandelten einst...* enthält. Dieselben Auszüge zitiert er ausführlich und voller Stolz im Brief an seine Mutter vom 25.3.1799 (MA 2, 761).

Hölderlin hat in den zeitgenössischen Kanon Aufnahme gefunden, wenn auch eher als Randfigur. Das kann dadurch belegt werden, dass er in Friedrich Matthissons (1761–1831) einflussreicher 20-bändiger *Lyrischer Anthologie* (Zürich 1803–1807) vertreten ist, und zwar im Band 17 (1806) mit der Elegie *Der Wanderer* (1797/1801) – allerdings in einer merkwürdigen, nur 62 Verse umfassenden Kurzfassung, die mit den beiden autorisierten Zeitschriftendrucken (90 bzw. 108 Verse lang) nur wenig zu tun hat. Viele heute vergessene Lyriker nimmt Matthisson dagegen mit acht oder zehn Gedichten auf (vgl. zum Kontext StA 7.3, 553 f.). Die emphatische Rezeption Hölderlins durch die Romantiker setzt erst in der Zeit ein, als der Dichter bereits im Tübinger Turm lebt.

1. Konstellationen der Lyrik im 18. Jahrhundert: frühe Gedichte

In der deutschsprachigen Lyrik wird seit etwa 1750, vor allem im Gefolge Klopstocks, eine neue Formensprache entwickelt, in der es um unmittelbaren Gefühlsausdruck und die Befreiung von hergebrachten formalen Regeln, insbesondere des Reims und des regelmäßigen Rhythmus, geht. Die antike Lyrik, der man sich seit der Anakreontik der 1740er und 1750er Jahre zunehmend anzunähern versucht, liefert dafür zahlreiche Vorbilder. Auch die englische und die spanische Lyrik mit Formen wie der Ballade oder der Romanze werden neu entdeckt. Zugleich werden die regelgeleiteten Gedichte in alternierenden Versmaßen und mit korrekten Reimen weiter gepflegt, besonders im breiten Bereich der Gelegenheitsdichtung.

Hölderlin, der sich schon während seiner Schulzeit für Dichtungen aller Art interessiert hat, sieht sich also in den 1780er Jahren, als er Gedichte zu schreiben beginnt, mit einer schwer überschaubaren Übergangssituation konfrontiert, in der ein klarer Gattungsbegriff der Lyrik noch nicht etabliert ist. Seine eigene früheste Lyrikproduktion (1784–1788) ist daher auch denkbar heterogen und großenteils epigonal. Er schreibt überwiegend Reimstrophen verschiedener Versanzahl, aber auch (gereimte, aber in der Länge variierende) Madrigalverse, reimlose Hexameter nach antikem Muster (*Adramalechs Grim...*) und sogar schon horazische Oden (*Klagen. An Stella*). Etwa 1786 legt er das 72 Seiten umfassende *Marbacher Quartheft* an, in dem er zahlreiche seiner Jugendgedichte in Reinschriften festhält (wie alle Bezeichnungen von Hölderlins Sammelhandschriften ist auch diese überlieferungsgeschichtlich zu erklären und hat nichts mit seinen Aufenthaltsorten zu tun). Überwiegend handelt es sich dabei um achtversige Reimstrophen, häufig aus fünfhebigen Trochäen gebildet (*Die Meinige. 1786*) – eine Form, die in der Empfindsamkeit, etwa bei Matthisson oder Ludwig Theobul Kosegarten (1758–1818), modisch war. Das Quartheft wird beschlossen durch Hölderlins erstes Gedicht in ungereimten freien Rhythmen, *Am Tage der Freundschaftsfeier. 1788*.

1. Frühe Gedichte

In den Tübinger Jahren (1788–1793) drängen sich zunächst die Oden nach dem Muster des Horaz in den Vordergrund; mit *Burg Tübingen* aber kehrt Hölderlin zur achtversigen Reimstrophe zurück. Diese wird auch die Grundform von Hölderlins Tübinger Hymnen, die fast durchgehend Reimhymnen sind, beginnend mit der *Hymne an die Unsterblichkeit*. Hölderlin besingt in diesen Gedichten großenteils Ideale wie die Freiheit oder die Wahrheit; aber auch die ‹Muse› oder die ‹Göttin der Harmonie› werden beschworen. Der stampfende, eintönige Rhythmus, den das Metrum meistens produziert, wirkt in der langen Reihe der Gedichte eintönig («Tausendfältig, wie der Götter Wille, / Weht Begeisterung den Sänger an»; MA 1, 111, V. 9 f.). Möglicherweise deswegen variiert Hölderlin in den späteren Tübinger Hymnen die Form etwas: Die Strophen bleiben in der Regel achtzeilig, aber die Verse werden meist kürzer (vier- statt fünfhebig) und manchmal auch jambisch statt trochäisch (*Hymne an die Menschheit*). Martin Vöhler (1997) hat in einer umfassenden Analyse der Tübinger Hymnen herausgearbeitet, in wie hohem Maße diese nicht nur in dominanten Tendenzen ihrer Zeit, insbesondere in der Lyrik Klopstocks und Schillers, verwurzelt sind, sondern auch in der antiken Hymnik mit ihrer Orientierung an den Regeln der Rhetorik. Diese relativ viele Gedichte umfassende Gruppe von Hölderlins Lyrik, von denen einige sogar schon veröffentlicht wurden, hat in ihrer Zeit und auch darüber hinaus keine große Wirkung entfaltet. Hölderlin selbst gibt das Verfassen von Reimhymnen sofort mit dem Verlassen des Tübinger Stifts auf – im Brief an Neuffer vom 21./23.7.1792 bekennt er, die Hymnen seien im Gegensatz zu seinem Romanprojekt nicht geeignet, ihm in der Damenwelt «ein Herz [zu] gewinnen» (MA 2, 499).

Von heute aus sind die Tübinger Hymnen eher nur als Vorstufe zu Hölderlins wirkungsmächtigeren Gedichten der mittleren Werkphase (etwa 1797–1801) zu sehen, die auf die Jahre 1794–1796, in denen nur wenige Gedichte entstehen, folgt. Die Begegnung mit Susette Gontard hat dabei eine Initialfunktion. Sehr bald wird die Geliebte als ‹Diotima› besungen und so mit einem Namen belegt, den Hölderlin schon 1795 für das *Hype-*

rion-Projekt genutzt hatte. Das erste *Diotima* überschriebene Gedicht («Lange todt und tiefverschlossen ...») ist noch in der Reimstrophe aus acht vierhebigen Trochäen verfasst. Bald darauf aber konzentriert sich Hölderlin fast ausschließlich auf die beiden antikisierenden, reimlosen Formen, die sein Werk in dieser Zeit prägen: die horazische Ode und die formstrenge Elegie. Ab der Jahrhundertwende kommen freirhythmische Hymnen nach dem Vorbild Pindars hinzu. Im Spätwerk (etwa 1802–1806) verdrängen sie zunehmend die beiden anderen Formen, werden dabei aber in den meisten Fällen immer fragmentarischer.

2. ‹Höchstes Feuer› und ‹stille Besonnenheit›: Oden

Das griechische Wort *odê* ist in der frühen Antike die allgemeinste Bezeichnung für ‹Gesang›, also für alles von einem einzelnen Sänger (*aoidós*) zu Musikbegleitung Vorgetragene. Im späteren lateinischen Sprachgebrauch der Antike wird *oda* neben dem häufigeren *carmen* im Sinne von ‹Lied› verwendet; die große vierteilige Gedichtsammlung des Horaz, die wir heute ‹Oden› nennen, heißt im Original *Carmina*. In der zweiten Hälfte des 18. Jahrhunderts gilt in Deutschland die Ode als ein zentraler Bereich der ‹lyrischen Poesie›; sie wird nun, etwa von Herder, vom weniger anspruchsvollen ‹Lied› abgegrenzt und vor allem stilistisch definiert: Ein hoher Ton begünstige den Ausdruck intensiver Gefühle und gewichtiger Inhalte. Dabei folgt man zwei unterschiedlichen Mustern. Die triadisch aufgebaute *pindarische Ode*, die auf die Gesänge (‹Epinikien›) des griechischen Dichters Pindar zu Ehren von Wettkampfsiegern zurückgeht, wird schon in der deutschen Barocklyrik aufgegriffen; sie ist für Hölderlins späte freirhythmische Hymnen wichtig, die er selbst ‹Gesänge› nennt (s. Kap. X.4). Die *horazische Ode* dagegen ist am Vorbild des römischen Dichters Horaz orientiert, der wiederum auf griechische Muster von Alkaios und Sappho (beide 7./6. Jh. v. Chr.) sowie Asklepiades (4./3. Jh. v. Chr.) zurückgreift. Sie zeichnet sich aus durch vierversigen, gleichmäßigen Strophenbau sowie durch die Nachahmung der für die antiken Odenstrophen charakteristischen komplizierten, genau festgelegten Abfolge langer und kurzer Silben. Nach den drei genannten Vorbildern heißen die Hauptformen alkäische, sapphische und asklepiadeische Ode.

Die Geschichte der deutschen Ode beginnt im 17. Jahrhundert. Die Ode wird zunächst mit dem Lied gleichgesetzt und bis in die 1740er Jahre hinein immer gereimt. Friedrich Gottlieb Klopstock veröffentlicht ab 1747 reimlose Oden; er versucht dabei, die antiken Metren und Strophenformen mit den Mitteln der deutschen Sprache nachzuahmen, entwickelt aber auch eigene Maße. Klopstocks Oden zeichnen sich durch einen hochgespannten, hymnischen Ton und einen ausgeprägten Anredegestus aus und werden dadurch vom einfachen Lied unterschieden. Klopstock hat schon zu Lebzeiten zahlreiche Anhänger und Nachfolger gefunden, etwa im Göttinger Hain. Hölderlin orientiert sich in seiner Oden- und Hymnendichtung aber vor allem an Klopstock selbst.

Hölderlins eingehendste Äußerung zur Form der Ode ist der fragmentarische Text *Die tragische Ode...*, der 1799 im Zusammenhang mit dem *Empedokles*-Projekt entsteht. Die Ode wird darin als Ergebnis eines höchst komplexen, spannungsreichen Prozesses beschrieben, in dem «höchste[s] Feuer» und «stille Besonnenheit» zwei Extreme sind (MA 1, 865).

Hölderlin konzentriert sich unter den vielen von Klopstock erprobten Odenmaßen – neben einem einzigen Versuch in der sapphischen Ode (*Unter den Alpen gesungen*) – auf zwei: die alkäische Strophe und eine der fünf überlieferten asklepiadeischen Strophen. Beides sind strenge Formen mit einer genau vorgeschriebenen Verteilung der Hebungen und Senkungen. Die alkäische Strophe besteht aus Versen mit 11–11–9–10 Silben. Das folgende Muster der Verteilung von Hebungen (–) und Senkungen (v) ist für sie verbindlich (dabei steht das Zeichen | für einen festen rhythmischen Einschnitt, eine Zäsur):

```
v−v−v|−vv−v−
v−v−v|−vv−v−
 v−v−v−v−v
  −vv−vv−v−v
```

Die (dritte) asklepiadeische Strophe besteht aus Versen mit 12–12–7–8 Silben nach folgendem Muster:

```
−v−vv−|−vv−v−
−v−vv−|−vv−v−
 −v−vv−v
  −v−vv−v−
```

Die beiden Formen wirken auf den ersten Blick ähnlich: Auf zwei gleich gebaute, längere Verse, jeweils mit einer Zäsur in der Mitte, folgen zwei kürzere ohne Zäsur. Deutlich sind aber auch die Unterschiede (vgl. Binder 1970 und 1987). Bei der alkäischen Strophe beginnen die ersten drei Verse unbetont, nur der vierte Vers betont. Bis auf vier genau festliegende Doppelsenkungen folgt auf jede Senkung genau eine Hebung (Alternation). Die Zäsuren sind schwach ausgeprägt, so dass der Wechsel von Hebungen und Senkungen die Strophe in einer wellenartigen Bewegung durchläuft.

In der asklepiadeischen Ode dagegen beginnen alle Verse betont und sind bis zur sechsten Silbe metrisch identisch; in V. 3 folgt nur noch eine Senkung, in V. 4 sind es eine Senkung und eine abschließende Hebung. In den beiden ersten Versen dagegen trennt eine Zäsur, die durch das Aufeinandertreffen zweier Hebungen stark ausgeprägt ist, die erste Vershälfte von ihrer spiegelbildlich umgekehrten Wiederholung in der zweiten Vershälfte. Auch bei den Übergängen von V. 1 zu 2 sowie V. 2 zu 3 treffen zwei Hebungen aufeinander. Insgesamt besteht die Strophe damit aus sechs etwa gleich langen rhythmischen Einheiten, die (mit Ausnahme des Übergangs von V. 3 zu 4) scharf gegeneinander abgegrenzt sind.

Während also die asklepiadeische Strophe ein durch starke Einschnitte und antithetische Vershälften geprägtes Struktur-

2. Oden

schema vorgibt, tendiert die alkäische Strophe zu einer fließenden Sprachbewegung. Die Kunst der Ausfüllung dieser Strophenschemata besteht darin, diesen Tendenzen gerade entgegenzuwirken, also die alkäische Ode nicht dahinplätschern und die asklepiadeische nicht schroff und abgehackt wirken zu lassen. Hölderlins Oden aus der Zeit ab 1797 loten alle Möglichkeiten der beiden Formen aus.

In Frankfurt schreibt Hölderlin zunächst eine Reihe von Oden, die nur ein oder zwei, maximal drei Strophen umfassen. Sie werden in der MA als ‹epigrammatisch› bezeichnet, weil sie pointiert und oft in Antithesen einen Sachverhalt zur Sprache bringen, wie es sonst meist in Epigrammen versucht wird (s. Kap. X.3, S. 107–109). Die asklepiadeische Strophe ist dafür besonders geeignet, so in *Die Liebenden*:

Trennen wollten wir uns, wähnten es gut und klug;
 Da wir's thaten, warum schrökt' uns, wie Mord, die That?
  Ach! wir kennen uns wenig,
   Denn es waltet ein Gott in uns. (MA 1, 191)

In V. 1 fällt die Zäsur mit der Satzgrenze zusammen: Der Trennungsabsicht wird die Begründung entgegengesetzt. In V. 2 folgt die Zäsur auf das «warum» nach vollzogener Trennung und bereitet so das furchtbare Erschrecken über das Mörderische der Trennung vor. Wieder neu setzt V. 3 mit einem Ausruf an, der eine allgemeine Einsicht einleitet, deren Grund in V. 4 angeführt wird. Jede der sechs rhythmischen Einheiten des Kurzgedichts bringt also eine neue gedankliche Wendung mit sich.

Aber auch die alkäische Strophe wird in den Frankfurter Kurzoden erprobt, so in *Ehmals und jezt*:

In jüngern Tagen war ich des Morgens froh,
 Des Abends weint' ich; jetzt, da ich älter bin,
  Beginn ich zweifelnd meinen Tag, doch
   Heilig und heiter ist mir sein Ende. (MA 1, 190)

Hier wird die parallele Struktur der ersten beiden Verse zum Ausdruck einer Antithese genutzt; dabei sind die Zäsuren in der Versmitte relativ stark ausgeprägt. In einer chiastischen (kreuzförmigen) Fügung wird zunächst das Lebensalter, dann die Tageszeit mit ihrer Stimmung genannt, im zweiten Vers wird beides umgekehrt. In V. 3 und 4 wird zunächst der Morgen, dann der Abend der fortgeschrittenen Lebensphase beschrieben. Das Gedicht arbeitet also mit starken Gegensätzen, die aber durch den ruhigen Rhythmus der Strophe ausgeglichen werden, welcher somit von Beginn an das versöhnliche Ende vorbereitet.

Die nächste wichtige Phase in Hölderlins Odenproduktion fällt in die Jahre 1799/1800, in denen sich der Dichter zunächst in Homburg, ab Sommer 1800 in Nürtingen und Stuttgart aufhält. Die meisten dieser Oden sind umfangreicher als die der Frankfurter Zeit; sie entwickeln eine reiche Bilderwelt und komplexe Gedankengänge über viele Strophen hinweg. Nicht nur die Versgrenzen innerhalb der Strophen werden durch die Technik des Enjambements (die Fortsetzung syntaktischer Einheiten über die Versübergänge hinweg) überspielt, sondern auch die Grenzen zwischen den Strophen. Es überwiegt die alkäische Strophe. Zu den großen Oden dieser Zeit gehören die Flussoden *Der Main* und *Der Nekar*. Hier der Beginn der Letzteren:

In deinen Thälern wachte mein Herz mir auf
  Zum Leben, deine Wellen umspielten mich,
    Und all der holden Hügel, die dich
      Wanderer! kennen, ist keiner fremd mir.
             (MA 1, 253, V. 1–4)

Das Enjambement ist deutlich härter ausgeprägt als etwa in *Ehmals und jezt*. Gewagte Wortstellung (Voranstellung des Genitivattributs in V. 3, das Bezugswort «keiner» folgt erst an drittletzter Stelle in V. 4) und unerwartete Einschübe (die Anrede des Flusses als «Wanderer!» am Anfang von V. 4) machen den Gedichtverlauf sperriger und wirken damit dem eher ruhigen und regelmäßigen alkäischen Maß entgegen.

Umgekehrt werden in Hölderlins wohl berühmtester Ode

Heidelberg große syntaktische und motivische Bögen entworfen, die nicht nur die Versgrenzen, sondern insgesamt das Antithetische der asklepiadeischen Ode überspielen:

Wie von Göttern gesandt, fesselt ein Zauber einst
  Auf der Brüke mich an, da ich vorüber gieng
    Und herein in die Berge
      Mir die reizende Ferne schien […]. (MA 1, 252, V. 9–12)

Mit den Oden dieser Phase scheint Hölderlin schon das Äußerste aus der Form herausgeholt zu haben. Aber er geht noch mehrere Schritte weiter. Besonders gut ist das zu beobachten an einigen Oden, die Hölderlin in Frankfurt als Kurzoden niederschrieb und später überarbeitet und erweitert. Zu ihnen gehört *Die Liebenden*, das zu *Der Abschied* ausgestaltet wird; ferner auch die zunächst nur zweistrophige asklepiadeische Ode *An die Deutschen*, deren zweite Strophe lautet:

Oder kömt, wie der Stral aus dem Gewölke kömt,
  aus Gedanken die That? Leben die Bücher bald?
    O ihr Lieben, so nimmt [nehmt] mich,
      Daß ich büße die Lästerung. (MA 1, 193, V. 5–8)

Die polemische Zuspitzung, mit der gezeigt werden soll, dass die Deutschen zu politischen Taten nicht in der Lage sind, äußert sich vor allem in den beiden Fragen, die in V. 6 aufeinandertreffen. Die ironische Selbstanklage, mit der das Gedicht in V. 7 f. schließt, fügt dem eine weitere Pointe hinzu. In der auf 15 Strophen ausgeweiteten, fragmentarisch endenden Fassung, die Hölderlin um 1800 im *Stuttgarter Foliobuch* (seiner größten, 168 Seiten umfassenden Sammelhandschrift) niederschreibt, lautet diese Strophe nun:

Aber komt, wie der Stral aus dem Gewölke komt,
  Aus Gedanken vieleicht, geistig und reif, die That?
    Folgt die Frucht, wie des Haines
      Dunklem Blatte, der stillen Schrift? (MA 1, 265, V. 5–8)

Die erste Frage wird durch Zusätze eines Adverbs und zweier Attribute auf zwei ganze Verse ausgedehnt. Die polemische zweite, zeitkritische Frage «Leben die Bücher bald?» entfällt, oder genauer: Sie wird umgeformt in die subtiler, indirekter, auch poetischer formulierte Frage in V. 7 f., die zugleich das «geistig und reif» aus V. 6 aufnimmt und weiterführt. Die Aufforderung, die in der Kurzfassung die zweite Hälfte der Strophe ausmachte und das Gedicht beschloss, verschiebt sich nun in die folgende dritte Strophe, wo sie auf eine weitere, doppelte Frage folgt. Das Gedicht verliert so an Schärfe, spannt aber einen großen Bogen. Dennoch erreicht es nicht sein Ziel, ein kohärentes poetisches Bild der Zukunft zu entwerfen. Der Sprecher des Gedichts muss sein Scheitern, seine zu enge Bindung an die von geschichtlicher «Nacht» (MA 1, 266, V. 30) gezeichnete Gegenwart und an die ruhmreiche griechische Vergangenheit eingestehen und skizziert gegen Ende das Bild eines «Arme[n] Seher[s]» (MA 1, 267, V. 54), der aber ebenfalls nicht die Grenzen der Zeit überschreiten zu können scheint.

Hölderlin bleibt auch an diesem Punkt nicht stehen, sondern beginnt – ebenfalls im *Stuttgarter Foliobuch* sowie auf einem weiteren Blatt – das Gedicht noch einmal ganz neu. Die Ode ist jetzt *Rousseau* überschrieben. Sie setzt mit Textmaterial ein, das ab der 11. Strophe der Langfassung von *An die Deutschen* entwickelt wurde, und wandelt es um: Blieb dort noch unentschieden, ob das scheiternde Dichter-Ich sich in der Gestalt des ‹Sehers› selber beschreibt, so wird nun alles auf die Figur des französischen Philosophen hin ausgerichtet: Jean-Jacques Rousseau (1712–1778) gilt mit seinen gesellschaftspolitischen Schriften als Vordenker der Französischen Revolution und hat für Hölderlins Bild von Staat und Gesellschaft entscheidende Bedeutung (vgl. Böschenstein 1968; Link 1999). Die alkäische Form erleichtert es, über die Abgründe der Gegenwart hinweg einen großen Bogen in die Zukunft hinein zu schlagen: Rousseau wird zu einer Seher-Gestalt stilisiert, die «Kommenden Göttern voraus» (MA 1, 269, V. 40) fliegt. Dennoch wird auch diese Fassung nicht abgeschlossen.

Um 1800 entsteht über die Bearbeitungen hinaus eine Reihe

2. Oden

weiterer Oden wie *Ermunterung*, *Der gefesselte Strom* oder *Der blinde Sänger*. Nur wenige Oden aus dieser Phase (z. B. *Dichterberuf* und *Stimme des Volks*) werden bis 1802 veröffentlicht.

Nach 1800 konzentriert sich Hölderlin zunächst auf die Elegie und dann auf die freirhythmische Hymne; die Ode tritt ganz in den Hintergrund. Doch kommt es durch die Zusammenarbeit mit Wilmans, dem Verleger der Sophokles-Übersetzungen, zu einem überraschenden Schluss- und Höhepunkt von Hölderlins Odenproduktion: Schon im Dezember 1803 kündigt Hölderlin Wilmans «einige[] Nachtgesänge für Ihren Allmanach» (MA 2, 927) an. In Wilmans' *Taschenbuch für das Jahr 1805* erscheint Ende 1804 eine aus neun Texten bestehende Abteilung *Gedichte. Von Fr. Hölderlin*. Obwohl der spezifischere Titel *Nachtgesänge* fehlt, der die Gedichte in den Kontext der romantischen Nachtmode (Edward Young: *The Complaint: or, Night-Thoughts*, 1742–1745; Novalis: *Hymnen an die Nacht*, 1800) gestellt hätte, handelt es sich zweifelsfrei um die von Hölderlin angekündigten Texte und damit um einen von ihm autorisierten Gedichtzyklus.

Der Zyklus besteht aus sechs Oden und drei kleineren Gedichten in freien Formen: *Hälfte des Lebens* (s. Kap. IV, S. 44–46), *Lebensalter* und *Der Winkel von Hardt*. Die sechs Oden stellen radikale Umarbeitungen früherer Oden dar, die Hölderlin großenteils im *Stuttgarter Foliobuch*, teils auch in anderen Handschriften entworfen oder umgearbeitet hat; einige gehen sogar auf noch frühere Oden zurück, die mehrere Stufen durchgemacht haben (vgl. MA 3, 136). Die sechs Oden in Wilmans' *Taschenbuch* können daher als Quintessenz und letzte Stufe von Hölderlins Odenproduktion betrachtet werden. Der Leser sieht sich hier mit den harten, irritierenden Stilelementen von Hölderlins lyrischem Spätstil konfrontiert. Zugleich werden damit die Ausdrucksmöglichkeiten der Odenform noch einmal neu ausgeleuchtet. Die zeitgenössische Rezeption verkennt diese Qualitäten jedoch völlig. Wie bei den Sophokles-Übersetzungen sind die Besprechungen vernichtend; so sieht der Rezensent der *Neuen Bibliothek der schönen Wissenschaften und der freyen*

Künste in Hölderlins Gedichten «Nonsens mit Prätension gepaart» (StA 7.4, 22). Ausgewogener ist die wohl von Hölderlins früherem Lehrer am Tübinger Stift Karl Philipp Conz (1762–1827) stammende Besprechung in den *Tübingischen Gelehrten Anzeigen*: Die Gedichte scheinen dem Rezensenten «abgerissene Laute eines gestörten einst schönen Bundes zwischen Geist und Herz. Daher auch die Sprache schwerfällig, dunkel, oft ganz unverständlich und der Rhythmus eben so rauh» (StA 7.4, 23).

Drei der sechs Oden tragen die Namen mythologischer Gestalten (*Chiron, Vulkan, Ganymed*), während die Titel der früheren Fassungen (*Der blinde Sänger, Der Winter, Der gefesselte Strom*) noch ohne diese Namen auskamen. Die übrigen drei Oden sind menschlichen Attributen und Eigenschaften gewidmet (*Thränen, An die Hoffnung, Blödigkeit* [in der zeitgenössischen Bedeutung von ‹Schwäche›, ‹Furchtsamkeit›, ‹Zaghaftigkeit›]); sie gehen auf die unausgeführte Skizze *Sapphos Schwanengesang* sowie auf die Oden *Bitte* und *Dichtermuth* zurück. Gemeinsam ist allen sechs neuen Fassungen eine Tendenz zur Konkretion, zur Belebung der Wirklichkeitsdarstellung. Die eher unbestimmte, nur schmückende mythologische Anrede in *Der gefesselte Strom* («Was schläfst und träumst du, Jüngling, [...] / Und achtest nicht des Ursprungs, du, des / Oceans Sohn, des Titanenfreundes?»; MA 1, 279, V. 1 und 3 f.) wird in *Ganymed* durch den Vorwurf an den gefallenen Götterliebling ersetzt («Was schläfst du, Bergsohn, [...] / Denkst nicht der Gnade, du, wenn's an den / Tischen die Himmlischen sonst gedürstet?»; MA 1, 279, V. 1 und 3 f.). Diese Konkretisierungen können auch etwas Unheimliches haben wie in der fast barock anmutenden Anrede an die eigenen *Thränen*: «Ihr waichen Thränen, löschet das Augenlicht / Mir aber nicht ganz aus.» (MA 1, 441, V. 17 f.) In mehreren der Texte sind die Umarbeitungen so weitreichend, dass von der früheren Fassung kaum ein Stein auf dem anderen bleibt. So wird der konventionelle mythologische Bezug auf die Schicksalsgöttin im Vers «Nährt die Parze denn nicht selber im Dienste dich?» aus *Dichtermuth* (MA 1, 284, V. 2) in *Blödigkeit* durch den Vers ersetzt: «Geht auf Wahrem dein Fuß nicht, wie auf Teppichen?» (MA 1, 443,

V. 2) Das Abstraktum ‹das Wahre› wird hier in eine neue, ganz konkrete und doch unvertraute Welt hineingeholt, auf die man die Füße setzen kann. Dass ‹Teppiche› das Material des ‹Wahren› bilden, gibt dem Bild eine orientalische Komponente. Walter Benjamin (1977) hat die Tendenzen dieser Umarbeitung schon vor hundert Jahren subtil analysiert.

Die sechs späten Oden Hölderlins folgen abgesehen von dem asklepiadeischen Maß in *Blödigkeit* alle dem alkäischen Muster. Sie nutzen virtuos die Ausdrucksmöglichkeiten der antiken Odenstrophen, die durch gegenrhythmische Betonungen, härteste Enjambements und Inversionen zugleich bis zum Zerreißen gespannt werden. Die antike Mythologie wird wieder konkreter verwendet als in den allegorisierenden Flussgedichten der mittleren Phase; zugleich werden ganz neue, erst hundert Jahre nach Hölderlin in den Avantgardeliteraturen der Moderne wieder aufgegriffene Mittel der Verfremdung eingesetzt, durch welche die dargestellte Wirklichkeit insgesamt als eine unvertraute, bedrohliche erscheint.

3. Liebesklage und geschichtsphilosophisches Tableau: Elegien

Die Elegie ist wie die Ode eine aus der Antike stammende dichterische Form; das Wort ist möglicherweise abgeleitet von griechisch *élegos* (Klage). Die Elegie kann inhaltlich oder formal definiert werden, und häufig trifft beides zusammen. Die inhaltliche Definition fasst die Elegie entweder als ein melancholisches Klagegedicht oder aber als ein erotisches Liebesgedicht auf. In der griechischen Dichtung überwiegt die klagende Elegie, in der römischen dagegen die erotische, die aber häufig Klageelemente enthält. Der formalen Definition zufolge handelt es sich bei der Elegie um ein in Distichen (Doppelversen aus Hexameter und Pentameter) verfasstes Gedicht, das sich durch meist größeren Umfang vom Epigramm unterscheidet, welches nur ein Distichon oder wenige Distichen umfasst. Das (elegische oder epigrammatische) Distichon ist folgendermaßen aufgebaut:

– v (v) – v (v) – v (v) – v (v) – v v – v
– v (v) – v (v) – | – v v – v v –

Beide Verse sind sechshebig und beginnen betont. Das Grundmetrum ist der Daktylus (– v v), der an sechs, hier durch Klammern bezeichneten Stellen um je eine kurze bzw. unbetonte Silbe verkürzt werden kann, im Griechischen meist zu einem Spondeus (einer doppelten Länge), im Deutschen meist zu einem Trochäus (– v). Die Versschlüsse dagegen sind nicht veränderbar. Fest steht auch die durch einen Hebungsprall erzeugte Zäsur in der Mitte des Pentameters, also nach der dritten Hebung. Im Gegensatz zu den völlig fixierten Odenmaßen bietet das Distichon zwar einen festen Rahmen, innerhalb dessen aber zahlreiche Variationsmöglichkeiten. Die durchgehend langen, zwischen 12 und 17 Silben umfassenden Verse geben dem Gedicht einen langen Atem. Die feste Struktur insbesondere der zweiten Hälfte des Pentameters lässt den weiten Bogen des Doppelverses dennoch zu einem gewissen Abschluss kommen. Dadurch unterscheidet das Distichon sich von Gedichten, die nur in Hexametern verfasst sind, dem Vers des griechischen Epos, den viele spätere Ependichter nachgeahmt haben. Distichen sind zu Gedichten beliebiger Länge kombinierbar, die meist nicht strophisch gegliedert sind.

Die antiken Definitionen heben die formale Seite, das Paar aus zwei ungleichen Versen (Horaz: *Ars Poetica*, V. 75), hervor, die frühneuzeitlichen Theorien eher den inhaltlichen Aspekt der Klage. Klarere Gattungsbestimmungen und Aneignungen der Form werden im Deutschen in der zweiten Hälfte des 18. Jahrhunderts versucht; wiederum geht hier Klopstock mit seinen reimlosen Elegien voran. Im Gegensatz zur Ode, die als Ausdruck starker Affekte gesehen wird, kommen – etwa Herder und Schiller zufolge – in der Elegie eher gemäßigte oder gemischte Empfindungen zur Sprache, also ein durch zeitliche und emotionale Distanz gemildertes Gefühl des Verlusts eines Menschen oder einer Liebe. Mit seinen Elegien *Nänie* und *Der Spaziergang* öffnet Schiller die Form für umfassende kulturgeschichtliche Panoramen, insbesondere für das Bild einer einstmals blühenden, nunmehr verlorenen Antike. Demgegenüber knüpft Goethe mit seinen *Römischen Elegien* (1795) an die erotischen Elegien der römischen Antike an, allerdings durch moderne, reflexive Distanz gebrochen. Für Hölderlin ist auch auf dem Gebiet der Elegie Schiller das maßgebliche Vorbild.

Schon früh experimentiert Hölderlin auch mit der einfacheren Form des Hexametergedichts, so in Tübingen in *Kanton Schweiz* und *An den Frühling*. In Frankfurt folgen *Die Eichbäume*, *An den Äther* und *Die Muße*. Im August 1801 gibt Hölderlin sein umfangreichstes Gedicht in Druck, den 296 Hexameter umfassenden *Archipelagus*, der ein umfassendes, kulturphilosophisch grundiertes Bild der griechischen Insellandschaft und der griechischen Geschichte entfaltet. Das Gedicht erscheint mit mehr als dreijähriger Verspätung erst Ende 1804, etwa gleichzeitig mit den *Nachtgesängen*.

Das homerisch Ausgreifende dieser Form ist vermutlich der Grund, warum Hölderlin keine weiteren Versuche in reinen Hexametergedichten unternimmt, sondern sich auf Gedichte in elegischen Distichen konzentriert. Daneben schreibt er um 1797 in Frankfurt auch einige Epigramme, die offenbar an Goethes und Schillers *Xenien* geschult sind. Im Mittelpunkt der Dichtung in Distichen steht aber bei Hölderlin die große, gegen die Gattungstradition strophisch gegliederte Elegie. In der Hauptsache ist Hölderlins Elegienproduktion auf die Jahre 1800 und 1801, also in die Zeit von seinem Aufenthalt in der Schweiz bis zu seinem Aufbruch nach Bordeaux, zu datieren.

Es handelt sich nicht um sehr viele Texte: Als Vorläufer ist *Der Wanderer* anzusehen, der 1797 abgeschlossen wird und in Schillers *Horen* erscheint; Hölderlin überarbeitet das Gedicht grundlegend im Jahr 1800. Seit etwa 1797 schreibt er ferner an verschiedenen Entwürfen in elegischen Distichen, die den Liebesverlust zum Thema haben und meist um die weibliche Figur Diotima zentriert oder an sie adressiert sind. Zu nennen sind etwa die kurzen Texte *An Diotima* («Schönes Leben! du lebst, wie die zarten Blüten im Winter...»), *Diotima* («Komm und besänftige mir, die du einst Elemente versöhntest...») oder *An ihren Genius* («Send ihr Blumen und Frücht aus nieversiegender Fülle ...»). Als etwas größere Gedichte aus diesem Komplex können die 1798/99 entstandenen Texte *Götter wandelten einst bei Menschen...* und *Achill* («Herrlicher Göttersohn! da du die Geliebte verloren...») angesehen werden. Nur am Rande sei die ebenfalls 1799 entstandene Widmungselegie *Meiner verehrungswürdigen Großmutter. Zu ihrem 72sten Geburtstag* erwähnt.

Aufgrund dieser Vorarbeiten entsteht 1799/1800 das 116 Verse umfassende, in sechs ungleich lange Abschnitte gegliederte Gedicht *Elegie*. Wie für Klopstock, Goethe und Schiller dient für Hölderlin hier die Gattungsbezeichnung zugleich als Titel, was – wenn auch nur in der handschriftlichen Fassung – den Anspruch unterstreicht, mit diesem Text ein Muster der Gattung erstellt zu haben. Der Sprecher der *Elegie* beklagt den Tod seiner Geliebten, der ihn dem Gefühl der Verlorenheit in der Natur ausgesetzt hat. Doch gelingt es dem Ich schließlich, den Verlust und die Trauer zum bloßen «Traum» (MA 1, 294, V. 115) zu erklären und mit Hilfe intensivster Vergegenwärtigung der Geliebten die bevorstehende Wiederkehr der guten gemeinsamen Zeit zu imaginieren, die ebenso eine Wiederkehr der untergegangenen Antike sein wird. Im Jahr 1800 überarbeitet Hölderlin das Gedicht und gibt ihm nun den Titel *Menons Klagen um Diotima*. In der Erstveröffentlichung in den von Bernhard Vermehren herausgegebenen Jenaer *Musen-Almanachen* wird es auf die Jahrgänge 1802 (Verse 1–56) und 1803 (Verse 57–130) verteilt. Der Erstdruck enthält neun, ebenfalls noch ungleiche, aber nun nummerierte Abschnitte.

Hölderlin versucht in seinem Spätwerk die Liebeslyrik, zu welcher er ohnehin nur wenige Gedichte beigetragen hat, zu überwinden, wie aus einer Formulierung im Brief an Wilmans vom Dezember 1803 hervorgeht: «Übrigens sind Liebeslieder immer müder Flug, denn so weit sind wir noch immer, troz der Verschiedenheit der Stoffe; ein anders ist das hohe und reine Frohloken vaterländischer Gesänge.» (MA 2, 927) Diese Überwindung der «engen Schranken unserer noch kinderähnlichen Kultur», wie es im selben Brief heißt, versucht Hölderlin nicht nur in den für ihn subjektferneren Oden und Hymnen zu leisten, sondern auch durch die Befreiung der Elegie von allzu privaten Inhalten wie der Trauer um eine verlorene Liebe.

Hölderlins Elegienwerk enthält außer den beiden Fassungen der Liebeselegie und den zwei Fassungen des *Wanderers* im Wesentlichen nur noch vier, um 1800/01 entstandene und teils später überarbeitete Gedichte: die drei um die kulturgeschichtliche Bedeutung der schwäbischen Heimat kreisenden Elegien *Der Gang aufs Land* (ein Fragment, in einer Fassung auch *Das Gasthaus* überschrieben), *Stutgard* und *Heimkunft* sowie die große geschichtsphilosophische Elegie *Brod und Wein*.

Brod und Wein wird um 1800 zunächst unter dem Titel *Der Weingott* entworfen und soll die Widmung «An Heinze» erhalten, also an den von Hölderlin bewunderten Wilhelm Heinse (1746–1803), den Autor des sinnenfreudigen Romans *Ardinghello und die glückseligen Inseln* (1787). An der Widmung hält Hölderlin auch bei den weiteren Fassungen der Elegie fest. Von Heinses Tod am 22. Juni 1803 erfährt er offenbar erst mit großer Verspätung. Vermutlich im Herbst 1802, nach der Rückkehr aus Bordeaux, legt Hölderlin das *Homburger Folioheft* an, seine letzte, 92 Seiten umfassende Sammelhandschrift. Er beginnt es auf den Seiten 1–15 mit der Reinschrift dreier Elegien: *Heimkunft. An die Verwandten*, *Brod und Wein. An Heinze* und *Stutgard. An Siegfried Schmidt* – gemeint ist Siegfried Schmid (1774–1859), ein Freund Sinclairs. Durch die Widmungen sucht Hölderlin offenbar eine Verankerung seiner Elegien-Dichtung im Freundes- und Familienkreis. *Brod und Wein* wird von ihm noch einmal überarbeitet, möglicherweise im Winter 1803/04, und zwar durch zunächst wenige, dann immer weiter zunehmende Zusätze und alternative Formulierungen ganzer Verse und Versgruppen, die meist zwischen die Zeilen der Reinschrift geschrieben sind. Wie mit dieser späten Bearbeitungsschicht, durch welche die vollendete reinschriftliche Fassung aufgebrochen wird, umzugehen ist, ist in der Forschung höchst umstritten (vgl. Böschenstein 2006, S. 26–48).

Das Gedicht umfasst 160 Verse, die in neun nummerierte Abschnitte eingeteilt sind; es ist damit Hölderlins längste Elegie.

Die Strophen sind in der Regel 18 Verse lang; nur Strophe 7 besteht aus 16 Versen. Die Eingangsstrophe wurde schon vorgestellt (s. Kap. VII, S. 69 f.); es handelt sich um die separat unter dem Titel *Die Nacht* im *Musenalmanach für das Jahr 1807* publizierten Verse. In den neun Distichen wird das abendliche Ruhig- und Dunkelwerden in einer Stadt geschildert, während der Blick Stück für Stück aus der Stadt heraus über die Gärten ins Freie gelenkt wird. In der zweiten Strophe wird weitaus abstrakter die personifiziert gedachte Nacht als das Medium dargestellt, das die notwendige «Vergessenheit» und «Heilig Gedächtniß» gleichermaßen ermöglicht (MA 1, 374, V. 33 und 36). In der dritten Strophe dagegen wird die Dominanz der Nacht in den Hintergrund gedrängt: «Göttliches Feuer» treibe unabhängig von der Tageszeit dazu an «Aufzubrechen» (V. 40 f.). Wie Hölderlin mit den Mitteln des elegischen Distichons eine Dynamik erzeugt, die doch im Auf und Ab der syntaktischen Einheiten, der Halbverse und Verse ihren Ausgleich im für jeden gültigen «Maas» findet, können die folgenden Verse vor Augen führen:

Fest bleibt Eins; es sei um Mittag oder es gehe
 Bis in die Mitternacht, immer bestehet ein Maas,
Allen gemein, doch jeglichem auch ist eignes beschieden,
 Dahin gehet und kommt jeder, wohin er es kann. (V. 43–46)

Nun ist es ein «frohlokender Wahnsinn», der in «heiliger Nacht plötzlich die Sänger ergreift» und in die Welt des antiken Griechenlands ruft, auf den Spuren eines Höheren, der im letzten, wieder meisterhaft ausbalancierten Vers der Strophe eingeführt wird: «Dorther kommt und zurück deutet der kommende Gott.» (V. 54) Vom Weingott Dionysos ist hier die Rede, dem spätestens ab jetzt der Gang des Gedichts folgt. Die vierte Strophe entfaltet das «Seelige[] Griechenland» als einen «Festliche[n] Saal» aus Meeren und Bergen, in den die Götter einziehen (V. 55 und 57), was die Menschen mit unbändiger Freude erfüllt. Die fünfte Strophe, wieder weitaus abstrakter, spricht von den Gaben der Götter, die in angemessener Weise entgegenzunehmen die Menschen erst lernen müssen. In Strophe 6 haben sie es gelernt und beginnen, «Tempel und Städte» zu Ehren der Götter zu bauen (MA 1, 378, V. 97), aber schon kommt es zu einer neuen elegischen Wendung: Die alten Götter verschwinden und die Hochkultur der Antike versinkt. Christus der Gottessohn ist es, der «vollendet und schloß tröstend das himmlische Fest» (V. 108). Die siebte Strophe wendet sich gleich zu Beginn an den «Freund» (V. 109), zunächst also den Widmungsadressaten Heinse, einen Kenner des Dionysischen. Die Gegenwartsdiagnose, die das Ich dem Freund vorträgt, ist bitter: Die Götter leben in der Neuzeit in einer anderen Welt und machen sich bestenfalls noch von Zeit zu Zeit durch Donnern bemerkbar. Von zentraler Bedeutung sind die folgenden Verse:

> [...] Indessen dünket mir öfters
> Besser zu schlafen, wie so ohne Genossen zu seyn,
> So zu harren und was zu thun indeß und zu sagen,
> Weiß ich nicht und wozu Dichter in dürftiger Zeit?
> (V. 119–122)

Die existenzielle Verlorenheit, die das Ich empfindet, ist vor allem dadurch bedingt, dass ihm die gleichgesinnten Freunde fehlen. Diese Isolation stellt auch die gesellschaftliche Rolle des Dichters grundsätzlich in Frage. Eine hoffnungsvolle Wendung bringt im abschließenden Distichon der Strophe der Anhang des Dionysos, «des Weingotts heilige Priester» (MA 1, 380, V. 123). Strophe 8 berichtet vom christlichen Abendmahl mit seinen Gaben von Brot und Wein, die dem Gedicht auch den Titel gaben. Doch wird die Gabe Christi hier auch als eine durch seine Hände gehende Gabe der antiken heidnischen Götter gesehen, «die sonst / Da gewesen und die kehren in richtiger Zeit» (V. 139 f.). Richtig sei es daher auch, dass «die Sänger den Weingott» (V. 141) besingen, denn – so der Beginn der neunten und letzten Strophe – er ist es, der Tag und Nacht versöhnt; ebenso steht den Menschen durch das Zusammenwirken von Christus und Dionysos ein glücklicher, friedvoller Zustand bevor, in dem sie sich mit Hilfe aller wiederkehrenden Götter, des Vaters und des Sohnes und der versammelten Olympier, als Gemeinschaft erfahren, welche die ganze Geschichte in sich trägt und in ihrer Gegenwart verwirklicht:

Was der Alten Gesang von Kindern Gottes geweissagt,
  Siehe, wir sind es, wir; Frucht von Hesperien ists! (V. 149 f.)

Diese umfassende geschichtsphilosophische Vision, welche die Melancholie etwa von Schillers großen Geschichtselegien überschreitet und ins Hymnische wendet, wird in der einige Jahre später vorgenommenen Überarbeitung dieser Reinschrift radikal destruiert. Nach vereinzelten Umformulierungen im ersten Drittel des Gedichts beginnt der Umbau im letzten Vers der dritten Strophe, die nun, nimmt man die Zusätze zwischen den Zeilen in den Text hinein, lautet: «Dorther kommt und da lachet verpflanzet, der Gott.» (MA 1, 375, V. 54) Die zeichengebende Funktion des Dionysos, ja, selbst sein Status als ‹kommender› ist aufgegeben. Stattdessen wird er zum lachenden Satyr, welcher (die Formulierung ist grammatisch uneindeutig) entweder selbst verpflanzt worden ist oder sich als Verpflanzer betätigt, jedenfalls mit dem Verlust des angestammten Platzes verbunden wird.

Das ist erst der Anfang einer langen Reihe irritierender Umformulierungen, durch welche – je nachdem, wie man es bewertet – die Elegie entstellt oder aber in eine völlig andere, geschichts- und sinnkritische Richtung gewendet wird. Ganz entfallen etwa die Reflexionen über die Funktion des Dichters «in dürftiger Zeit»; an dieser Stelle werden nur noch subjektlose Instanzen nebeneinandergesetzt: «Die Regel, die Erde. / Eine Klarheit, die Nacht.» (MA 1, 379, V. 121 f.) Und wo in der Reinschrift am Schluss des Gedichts der durch Prüfung bewährte Glaube als Instanz herangezogen wird, der das segensvolle Wirken des Vatergottes zu erkennen vermag, da bleibt in der Überarbeitung zwar die Eingangswendung «Glaube, wer es geprüft!» erhalten, doch was durch diese beglaubigt wird, ist nun komplett ausgetauscht. In der Reinschriftfassung lauten die Verse:

Glaube, wer es geprüft! aber so vieles geschieht
Keines wirket, denn wir sind herzlos, Schatten, bis unser
Vater Aether erkannt jeden und allen gehört.
Mit allen Himmlischen kommt als Fakelschwinger des Höchsten
Sohn, der Syrier, unter die Schatten herab.
(MA 1, 380 und 382, V. 152–156)

Die Verse 152 (zweite Hälfte) und 153 f. werden durch Unterstreichung markiert und durch zwischen die Zeilen geschriebenen Text verdrängt, so dass die Passage in der späten Fassung so lautet:

Glaube, wer es geprüft! nemlich zu Hauß ist der Geist
Nicht im Anfang, nicht an der Quell. Ihn zehret die Heimath.
Kolonien liebt, und tapfer Vergessen der Geist.
Unsre Blumen erfreun und die Schatten unserer Wälder
Den Verschmachteten. Fast wär der Beseeler verbrandt.
(MA 1, 381 und 383, V. 152–156)

Wo in der Reinschrift noch von den bekannten Göttern des Christentums und der griechischen Mythologie die Rede war, wenn auch in ungewohnter Verschränkung ineinander, da wirkt in der späten Überarbeitung von *Brod und Wein* nur noch ein abstrakter «Geist», der keine «Heimath» findet, sondern sich in «Kolonien» flüchtet. Offenbar kommt er aus einer ungeschützten Wüstenregion, die ihn, der denkbar blutleer «Beseeler» genannt wird, zum Verschmachten brachte und beinahe «verbrandt» hätte. Nur noch negativ kommt hier die geschichtsphilosophische Zuversicht zur Sprache, durch die sich die Reinschriftfassung auszeichnete, an deren Ende sich ein Ausweg aus der hesperischen geschichtsphilosophischen Nacht abgezeichnet hatte.

Wie in den Sophokles-Übersetzungen und in den *Nachtgesängen* erreicht Hölderlin in den späten Überarbeitungen seiner großen Elegien eine neue Art poetischen Sprechens, die nicht nur den Zeitgenossen unverständlich blieb und als Produkt zunehmenden Wahnsinns abgetan wurde, sondern die uns bis heute ebenso irritiert und befremdet wie fasziniert. Aber besonders mit dieser neuen Sprachschicht wird Hölderlin zu einem der ersten Vertreter der literarischen Moderne in deutscher Sprache.

4. Gesang und Fragment:
Pindar-Übersetzungen und Hymnen in freien Rhythmen

Die Hymne geht auf verschiedene antike Vorläufer zurück. Der griechische *hýmnos* (lat. *hymnus*) ist ein Preislied auf einen Gott in hohem Ton; früheste Muster dafür sind die (Pseudo-) *Homerischen Hymnen* (8.–6. Jh. v. Chr.). Daneben gibt es spezielle Formen wie den Paian (auf Apollon) oder den Dithyrambos (auf Dionysos), die als Untergattungen des Hymnus angesehen werden können. Allen gemeinsam ist die relativ freie rhythmische Form. Der mittelalterliche Hymnus ist ein Preislied auf den christlichen Gott, das in Reimstrophen verfasst ist.

Eine andere Formtradition stellen die Epinikien dar, die uns vor allem von Pindar (6./5. Jh. v. Chr.) überliefert sind. Dabei handelt es sich um Preislieder auf die Sieger bei Sportwettkämpfen wie etwa den Olympischen Spielen, in die in hohem Maße mythologische und kulturgeschichtliche Elemente einfließen. Das Epinikion wird auch ‹pindarische Ode› genannt und ist ein Chorlied, das sich durch einen dreiteiligen Aufbau auszeichnet: Auf eine ‹Strophe›, deren Verszahl und Versmaß nicht festgelegt sind, folgt eine genau gleich gebaute ‹Antistrophe›, darauf eine formal meist abweichende Abschlussstrophe (‹Epode›).

In der neuzeitlichen Hymnendichtung fließen diese Traditionslinien ineinander; lange Zeit sind daher auch die Bezeichnungen ‹(pindarische) Ode› und ‹Hymne› nahezu austauschbar. Klopstock nennt alle seine reimlosen Gedichte im hohen Ton ‹Oden›; die freirhythmischen unter ihnen wie *Die Frühlingsfeyer* (1759/71) bezeichnen wir dagegen heute als ‹Hymnen›. Bei Hölderlin sind in den frühen Tübinger Reimhymnen Klopstock- und Schiller-Einflüsse gleichermaßen zu beobachten. Als Hölderlin nach mehrjähriger Pause in den Jahren 1800–1806 wieder Hymnen schreibt, treten diese unmittelbaren Vorbilder zurück zugunsten einer erneuten Beschäftigung mit Pindar.

4. Pindar-Übersetzungen und Hymnen in freien Rhythmen 117

Nicht nur die triadische Gliederung, sondern auch die Vorstellung, dass eine Hymne tendenziell immer ein chorischer Gesang einer ‹Gemeinde› sein solle, prägen dabei Hölderlins Hymnenkonzept. Seine Pindar-Studien gehen auf die Zeit am Tübinger Stift zurück, wie man seinem Magister-Specimen *Geschichte der schönen Künste unter den Griechen* (1790) entnehmen kann:

> Ich möchte beinahe sagen, sein [Pindars] Hymnus sei das *Summum* der Dichtkunst. Das Epos und Drama haben grösern Umfang, aber eben das macht Pindars Hymnen so unerreichbar, eben das fodert von dem Leser, in dessen Seele seine Gewalt sich offenbaren soll, soviel Kräfte und Anstrengung, daß er in dieser gedrängten Kürze die Darstellung des Epos und die Leidenschaft des Trauerspiels vereiniget hat. (MA 2, 24)

Man kann Hölderlins dichterisches Werk, das in den späten Hymnen kulminiert, als Versuch lesen, den durch Pindar gesetzten Höhepunkt der Dichtung in der Moderne erneut zu erreichen. Um sich diesem Vorbild anzunähern, übersetzt Hölderlin ab 1799 vereinzelt, um 1801 dann in zwei großen Reinschriften 18 der Siegesgesänge Pindars (zum Teil nur in Auszügen): acht Olympische und zehn Pythische Oden, die er zuweilen auch ‹Hymnen› nennt. Diese sehr eng am Wortlaut der griechischen Originale entwickelten, von Hölderlin nicht veröffentlichten Übersetzungen klingen mindestens so fremdartig und rätselhaft wie seine Sophokles-Übersetzungen und können als Einübungen – des Autors wie des Lesers – in seinen hymnischen Spätstil gelesen werden.

Hölderlin greift seine Bemühungen um die Aneignung Pindars um 1804 wieder auf, indem er neun von dessen Fragmenten, teils auszugsweise, übersetzt und knapp kommentiert. Diese *Pindar-Fragmente* gehören zu den reizvollsten und schwierigsten Texten aus Hölderlins Spätwerk. Oft sind die Kommentare poetische Weiterdichtungen des Pindar-Textes in Prosaform. Als Beispiel sei das Fragment *Vom Delphin* angeführt. Der übersetzte Pindar-Text lautet: «Den in des wellenlosen Meeres Tiefe von Flöten / Bewegt hat liebenswürdig der Gesang.» Der Kommentar beginnt mit dem Satz: «Der Gesang der Natur, in der Witterung der Musen, wenn über Blüthen die

Wolken, wie Floken, hängen, und über dem Schmelz von goldenen Blumen.» (MA 2, 381) Es folgen drei weitere, ähnlich poetische und schwer verständliche Sätze.

Sogar aus einer noch späteren Phase von Hölderlins dichterischer Aktivität ist eine Pindar-Übersetzung überliefert, ein Fragment der 1. Pythischen Ode. Aus dieser Zeit stammt auch ein berühmtes Zeugnis zu Hölderlins Beschäftigung mit Pindar. Johann Isaak von Gerning schreibt am 11.7.1805 an Karl Ludwig von Knebel: «Hölderlin, der immer halb verrückt ist, zackert auch am Pindar.» (StA 7.2, 287)

Wie setzt Hölderlin sein durch die intensive Auseinandersetzung mit Pindar geprägtes hymnisches Programm in seine eigene poetische Praxis um? Die erste seiner späten freirhythmischen Hymnen ist der fragmentarisch endende Text mit dem Beginn *Wie wenn am Feiertage...*, der um 1800 als Ausarbeitung eines Prosa-Entwurfs entstanden ist. Offenbar versucht Hölderlin hier, Pindars triadisches Modell in neun Strophen nachzuahmen, wobei die 1., 4. und 7., ferner die 2., 5. und 8. sowie die 3., 6. und 9. sich metrisch entsprechen sollen (das Modell von Strophe und folgender gleich gebauter Antistrophe verwirklicht Hölderlin nicht). Aber nur in der ersten Strophe jeder Triade ist dieses Schema konsequent umgesetzt; schon Strophe 5 besteht nur aus acht statt neun Versen, und die Strophen 8 und 9 sind nur fragmentarisch ausgeführt. Hölderlin hält auch in seinen späteren Hymnen an einem dreiteiligen Aufbau fest, versucht jedoch keine genauen metrischen Entsprechungen mehr zu verwirklichen, da er offenbar merkt, dass dieses Modell im Deutschen keine großen Wirkungen entfaltet. Die Hymnen sind stattdessen in freien Rhythmen geschrieben, das heißt in einem sich weit von der Prosa entfernenden, oft starke Tempowechsel erzeugenden Rhythmus, der aber keinen festen Regeln folgt.

Wie viele Gedichte Hölderlins beginnt *Wie wenn am Feiertage...* mit einem unkonventionellen ‹Natureingang›: Geschildert wird ein Frühlingsmorgen auf dem Lande nach einer Gewitternacht. Auffällig ist auch die syntaktische Struktur; die ganze erste Strophe ist ein durch die Konjunktion ‹wie wenn› eingeleiteter Vergleichsnebensatz und wird also als eine Art Gleichnis eingeführt. Auf den Doppelpunkt am Ende der Strophe folgt erst in der zweiten Strophe der Hauptsatz: «So stehn sie unter günstiger Witterung» (MA 1, 262, V. 10). Es scheinen «die Bäume des Hains» (V. 9) gemeint zu sein, doch der weitere Verlauf der Strophe macht klar, dass hier vorwegnehmend (proleptisch) auch von den «Dichter[n]» (V. 16) die Rede ist, die «kein Meister allein» (V. 11), sondern die vor allem «die göttlichschöne Natur» (V. 13) erziehe. Die dritte Strophe vergegenwärtigt noch einmal die Situation des Anfangs: «Jetzt aber tagts!» (V. 19) Erstmals kommt hier auch das Ich des Gedichts zur Sprache, das sich vornimmt, «das Heilige» zu seinem «Wort» zu machen (V. 20). Zwar kann man den Vers «Die Natur ist jetzt mit Waffenklang erwacht» (V. 23) als Resümee des Gewittermorgens lesen, doch weist er zugleich weit darüber hinaus; denn es ist jetzt von den «Zeiten» der Geschichte und den «Götter[n] des Abends und Orients» die Rede (V. 21 f.), welche die Natur alle an Alter übertreffe, und von deren «Nach vestem Geseze» gefügter Ordnung, die «vom Aether bis zum Abgrund nieder» reiche (V. 24 f.), womit die Natur auch alle Stufen der Welt überspannt.

Die zweite Triade setzt wie die erste mit einem Vergleich ein, der sich aber nun schneller auflöst: Wie die Tatmenschen, so sind auch die Dichter von einem inneren Feuer entzündet. Inspiriert sind sie vom Vorbild derjenigen Götter, die «Knechtsgestalt» (MA 1, 263, V. 35) angenommen haben, wie es von Jesus oder Apollon überliefert ist. Die fünfte Strophe fragt danach, wie die «Kräfte der Götter» (V. 36) «im Liede» (V. 37) erfahren werden können, wie die Wechselfälle der Geschichte und «des gemeinsamen Geistes Gedanken» (V. 43) schließlich «Still endend in der Seele des Dichters» (V. 44) aufgehen können. In der sechsten Strophe wird in schwer auflösbarer Syntax der Mythos von der Geburt des Dionysos oder Bacchus erzählt: Semele, eine der menschlichen Geliebten des Zeus, stirbt durch dessen Blitzstrahl; der Göttervater rettet dabei jedoch aus ihrem Körper das noch ungeborene gemeinsame Kind Dionysos. Diese Geschichte wird hier in beinahe zynischer Weise verdichtet, indem Bacchus in einem Rückblick auf den Natureingang der Hymne als «Die Frucht des Gewitters» (V. 53) bezeichnet und mit dem «Gesang» als «der Götter und der Menschen Werk» gleichgesetzt wird.

Die dritte Triade greift diesen Mythos auf: Während das «himmlische[] Feuer» (V. 54) die gewöhnlichen Menschen nicht gefährdet, müssen die Dichter schutzlos im Gewitter stehen, «Des Vaters Stral, ihn selbst», fassen und «dem Volk' ins Lied» verwandelt weiterreichen (V. 58 f.). Die schwindende Zuversicht, dabei nicht «versengt» (MA 1, 264, V. 63) zu werden, prägt die fragmentarischen Materialien zu den letzten beiden Strophen, die in die folgenden Zeilen auslaufen:

> Doch weh mir! wenn von
>
> Und sag ich gleich,
>
> Ich sei genaht, die Himmlischen zu schauen,
> Sie selbst, sie werfen mich tief unter die Lebenden
> Den falschen Priester, ins Dunkel, daß ich
> Das warnende Lied den Gelehrigen singe.
> Dort (V. 67–73)

Das Ich des Gedichts stellt sich hier als akut gefährdet durch die Strafe der Götter dar, mit der diese jeden, der ihnen zu nahe kommt, überziehen. Der vermeintliche Vermittler der «himmlische[n] Gaabe» (MA 1, 263, V. 60) sieht sich als «falsche[r] Priester» entlarvt und sogar noch «unter die Lebenden» herabgeworfen, wo er nur noch das «warnende Lied» singen kann.

Ein dramatischeres Ende einer Hymne ist kaum denkbar: Die Dynamik von Natur und Geschichte, Dichtern und Tatmenschen, Göttern und ihren Werken, die in den ersten sechs Strophen entfaltet wurde, ließ zwar einen spannungsgeladenen Ausgang erwarten, aber keinen so tragischen, der beinahe die Vernichtung und das Verstummen des sprechenden dichterischen Subjekts bedeutet. Man kann auch vom Scheitern des Autors Hölderlin an der Fertigstellung dieser Hymne sprechen:

4. Pindar-Übersetzungen und Hymnen in freien Rhythmen

Die Selbstreflexion des dichterischen Sprechens, das ja legitimiert werden sollte durch den Bezug auf den Dionysos-Mythos, ließ sich offenbar in den gewählten stofflich-motivischen Rahmen nicht ohne Brüche einbauen. Obwohl Hölderlin die Arbeit an seiner ersten pindarischen Hymne daher an diesem Punkt abbricht, ist der so entstandene Text ein wichtiges poetisches Dokument, in dem die Problematik, um 1800 eine neue, der Gegenwart angemessene hymnische Sprache zu finden, eindrucksvoll vor Augen geführt wird.

Erst ab 1801 wagt Hölderlin erneut Versuche auf dem Gebiet der Hymne, die sich nun ganz von den metrischen Vorgaben Pindars lösen, nicht jedoch von dem hohen Anspruch dieses Dichters. Zunächst entsteht die Fragment gebliebene Hymne *Der Mutter Erde*, die im Untertitel *Gesang der Brüder Ottmar, Hom und Tello* genannt wird. Es gilt also, das chorische Sprechen bei Pindar (und auch des mittelalterlichen Hymnus) in die Gegenwart zu holen. Dass der Gegensatz zwischen dem individuellen Dichter und dem erst noch zu bildenden Kollektiv in der Literatur um 1800 kaum auflösbar ist, macht schon der erste Vers deutlich: «Statt offner Gemeine sing' ich Gesang.» (MA 1, 334) In dem ebenfalls fragmentarischen Entwurf *Deutscher Gesang* wird dieser Versuch fortgesetzt.

In einer weiteren Gruppe von Hymnen knüpft Hölderlin an seine großen Landschaftsoden und -elegien an. In dem Gedicht *Die Wanderung*, das Ende 1802 in der Zeitschrift *Flora* erscheint, geht die Bewegung aus Schwaben, das eingangs als «Glükseelig Suevien, meine Mutter» (MA 1, 336, V. 1), angeredet wird, nach Südosten: «Ich aber will dem Kaukasos zu!» (MA 1, 337, V. 25) Erreicht wird jedoch nicht diese zentralasiatische Region, sondern das «Land des Homer» (MA 1, 338, V. 79), also Griechenland und Kleinasien. In umgekehrter Richtung, von den «Götterbilder[n] in dem alten Lande», also von Griechenland, zu den «heimathlichen Wasser[n]» (MA 1, 404, V. 2), verläuft die Bewegung in der Hymne *Germanien*, deren Reinschrift sich im *Homburger Folioheft* findet.

In dem erst 1808 veröffentlichten Gedicht *Der Rhein. An Isaak von Sinklair* werden die vorangehenden Flussoden ins

Medium des Hymnischen transponiert. Hier verbindet Hölderlin dionysische Elemente, die Berufung auf den bewunderten Philosophen Jean-Jacques Rousseau, die Darstellung eines zukünftigen utopischen Zustandes («Dann feiern das Brautfest Menschen und Götter»; MA 1, 347, V. 180) und einen mit dem Widmungsadressaten verbundenen Ausblick auf eine mögliche Revolution («In Stahl, mein Sinklair!»; MA 1, 348, V. 222). Demgegenüber wird das Gedicht *Am Quell der Donau*, dessen Blick wieder nach Osten gerichtet ist («Dich Mutter Asia! grüß ich»; Prosaentwurf, MA 1, 350), nicht abgeschlossen, ebenso wenig wie später das zweite Donau-Gedicht *Der Ister*.

Der vor allem in der älteren Forschung häufig geäußerte Verdacht, dass Hölderlin in den Jahren ab 1802 zur Fertigstellung großer Gedichte nicht mehr in der Lage gewesen sei, wird durch drei weitere Hymnen aus dieser Zeit widerlegt. Darunter befindet sich die wahrscheinlich vom Frieden von Lunéville 1801 inspirierte, aber erst einige Zeit später nach mehreren Entwürfen fertiggestellte *Friedensfeier*, deren Reinschrift erst 1954 aufgefunden wurde. Hier kommen Hölderlins Geschichtsutopie und seine Vorstellung einer Einheit von antiker Mythologie und christlicher Religion im Bild eines einzigen Festes am Ende der Zeiten zusammen, das von einem nicht weiter spezifizierten «Fürsten des Fests» (MA 1, 362, V. 15) angeleitet wird und alle Götter versammelt. In der *Friedensfeier* findet sich auch die wohl gelungenste Formulierung von Hölderlins Vorstellung, dass die hymnische Dichtung die alltägliche Kommunikation der Menschen aufgreifen und zusammenführen solle zu einer neuen Gemeinschaft, deren Substanz in der gemeinsamen Kunsterfahrung und -produktion liegt:

> Viel hat von Morgen an,
> Seit ein Gespräch wir sind und hören voneinander,
> Erfahren der Mensch; bald sind wir aber Gesang
> (MA 1, 364, V. 91–93)

4. Pindar-Übersetzungen und Hymnen in freien Rhythmen 123

Welchen Anspruch Hölderlin mit dieser Hymne verbindet, geht aus der kurzen Vorrede hervor, die in der Reinschrift auf den Titel folgt:

Ich bitte dieses Blatt nur gutmüthig zu lesen. So wird es sicher nicht unfaßlich, noch weniger anstößig seyn. Sollten aber dennoch einige eine solche Sprache zu wenig konventionell finden, so muß ich ihnen gestehen: ich kann nicht anders. (MA 1, 361)

Die Vorrede kündigt ferner «eine ganze Sammlung von dergleichen Blättern» an, von denen das vorliegende «eine Probe» sei (MA 1, 361). Offensichtlich ist die *Friedensfeyer* eine erste Umsetzung des Projekts, das Hölderlin im Brief an Wilmans vom 8.12.1803 skizziert: «Einzelne lyrische größere Gedichte» werde er vorlegen, von denen «jedes besonders gedrukt wird weil der Inhalt unmittelbar das Vaterland angehn soll oder die Zeit» (MA 2, 926). Offenbar denkt er an eine Art lyrischer Flugschriften mit großer Auflage. Dazu ist es nicht gekommen; auch die Reinschrift der *Friedensfeyer* blieb 150 Jahre lang verschwunden.

Dagegen wirkt die Hymne *Patmos. Dem Landgrafen von Homburg* in ihrer Zeit. Es handelt sich um ein Auftragswerk, eine religiöse Dichtung, die sich Friedrich V. von Klopstock erhofft hat, welcher aber aus Altersgründen abgesagt hat. Auf Vermittlung Sinclairs übernimmt Hölderlin den Auftrag; das Gedicht wird dem Landgrafen zu dessen 55. Geburtstag am 30.1.1803 überreicht. Gedruckt wird der Text in Seckendorfs *Musenalmanach für das Jahr 1808*. Die Hymne bringt Hölderlins poetische Gestaltungen Griechenlands mit seinem Nachdenken über die Rolle der Religion in der Gegenwart und insbesondere über die Bedeutung der Gestalt Christi zusammen. Die ersten vier Strophen führen den Leser in einem gigantischen poetischen Flug von den Alpen auf die Ägäis-Insel Patmos, auf welcher Johannes seiner eigenen Angabe zufolge die *Offenbarung* geschrieben haben soll (*Offenbarung* 1,9). Die Gleichsetzung dieses Verfassers mit dem Jünger Johannes führt den Sprecher in den Strophen 5–8 auf die Erinnerung der Jünger an die

Passion Christi und dessen Auferstehung. Dem schließen sich dunkler werdende Beschreibungen der Zeit nach Christi Wirken auf Erden an, in der Gott «Unendlich hin zerstreut das Lebende» habe (MA 1, 450, V. 122). In der Schlusspartie kommt aber wieder Zuversicht auf: «Denn noch lebt Christus.» (MA 1, 452, V. 205) Aus dieser religiösen Perspektive wird abschließend die Aufgabe des Dichters und des Interpreten in der Gegenwart abgeleitet: «[...] der Vater aber liebt,/Der über allen waltet,/Am meisten, daß gepfleget werde/Der veste Buchstab, und bestehendes gut/Gedeutet. Dem folgt deutscher Gesang.» (MA 1, 453, V. 222–226) Trotz dieser Zuversicht gehört *Patmos* zu denjenigen Gedichten, die Hölderlin in einer späteren Phase noch einmal grundlegend überarbeitet, wobei er deren poetische Vollendung aufsprengt.

Die dritte der vollendeten Hymnen aus der Zeit ab 1802 ist *Andenken*, das ebenfalls im *Musenalmanach für das Jahr 1808* erscheint. Darin zieht Hölderlin die Summe seiner durch die Frankreichreise angeregten Dichtungen. Die südfranzösische Landschaft wird in eindrucksvollen Bildern geschildert, bevor der Blick auf das Meer gelenkt wird. Die Kauf- und Seeleute, die nach Westen aufbrechen, gehen den Künstlern voran, indem sie «Das Schöne der Erd'» zusammenbringen (MA 1, 474, V. 43). Dennoch gilt abschließend: «Was bleibet aber, stiften die Dichter.» (MA 1, 475, V. 59)

Alle anderen späten Hymnen Hölderlins bleiben Fragment und werden zu seinen Lebzeiten nicht veröffentlicht. Überwiegend werden sie im *Homburger Folioheft* entworfen. In der Hymne *Der Einzige*, zu der insgesamt drei, voneinander stark abweichende Fassungen existieren, wird das Nachdenken über die Christus-Figur und deren Verhältnis zur antiken Mythologie wieder aufgenommen. Der sehr wenig ausgeführte Entwurf *Die Titanen* greift dagegen allein auf die griechische Mythologie zurück. In den Entwürfen *Heimath* und *Dem Fürsten* kommen äußerst disparate Vorstellungsbilder zur Sprache, werden aber meist nicht weit ausgeführt. Ähnliches gilt für die Textkomplexe, die um die Figur der Madonna zentriert sind, für die *Kolomb*-Fragmente und für den Text, der auf den Beginn *der Vatikan*, ...

4. Pindar-Übersetzungen und Hymnen in freien Rhythmen 125

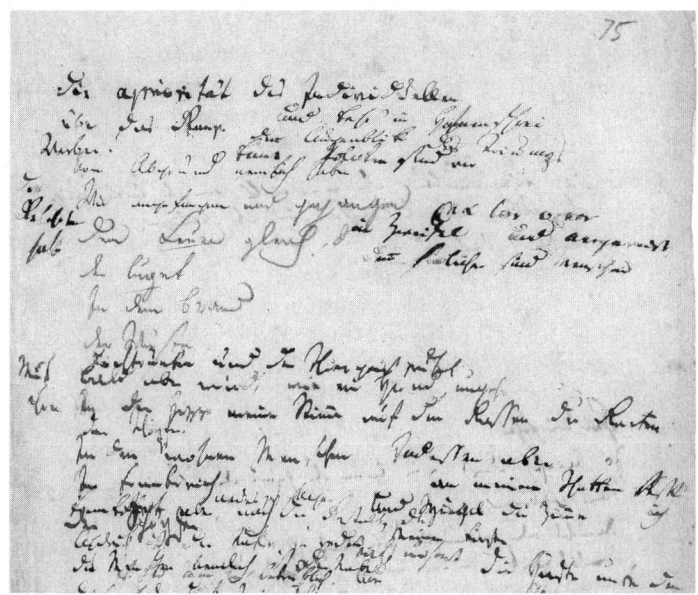

10 Seite 75 (obere Hälfte) aus Hölderlins *Homburger Folioheft*. Homburg vor der Höhe, Stadtarchiv, als Depositum in der Württembergischen Landesbibliothek Stuttgart

folgt. Die drei Entwürfe zu *Griechenland*, auf separaten Blättern festgehalten, enthalten glühende Einzelbilder, die sich aber nicht zu einem poetischen Ablauf zusammenfügen (MA 1, 477–480).

Höhere Kohärenz weisen dagegen zwei weitere Textkomplexe im *Homburger Folioheft* auf: In *Die Nymphe/Mnemosyne*, auf den letzten beiden Seiten des Heftes entworfen, werden Motive und Helden aus Homers *Ilias*, aus dem Kampf um Troja, gestaltet und vergegenwärtigt. Der Text kommt zu ebenso neuen wie erschreckenden Formulierungen, die auch auf diesem Gebiet dokumentieren, dass mit Hölderlins Spätwerk die moderne Literatur in deutscher Sprache beginnt: «Ein Zeichen sind wir, deutungslos/Schmerzlos sind wir und haben fast/Die Sprache in der Fremde verloren.» (MA 1, 436, V. 1–3)

Ein weiterer Komplex von zunächst hoher, erst auf der letzten

Seite abnehmender Kohärenz findet sich auf den Seiten 73–76 des *Folioheftes* unter der Überschrift *Das Nächste Beste*. Auf den ersten beiden Seiten führt der poetische Verlauf, dem Zug der Stare folgend, zunächst nach Südwestfrankreich, in das «Olivenland» (MA 1, 420, 11), das in Bildern von großer Sinnlichkeit und Konkretion beschrieben wird, dann wieder zurück nach Deutschland, wo der Verlauf der Berge in seiner Zeichenhaftigkeit gelesen wird. Auf Seite 75 (Abb. 10, S. 125) werden diese Motivkomplexe zusammengeführt und verschärft: Die Hitze Frankreichs wird als «Wüste» geschildert (MA 1, 422, V. 10), Frankfurt zum «Nabel/Dieser Erde» erklärt (MA 1, 423, V. 20 f.). Ganz unten auf der Seite wird im Anschluss an abermals intensivierte Frankreichbilder («Bis zu Schmerzen aber der Nase steigt/Citronengeruch auf und von dem Öl aus der Provence»; V. 38 f.) selbstreflexiv das Problem der möglichen Wirkung solcher poetischer Sprechweisen aufgeworfen: «[...] und mich leset o/Ihr Blüthen von Deutschland, o mein Herz wird/Untrügbarer Krystall an dem/Das Licht sich prüfet» (V. 44–47). Damit ist – vor dem Auseinanderfallen der Bilder in den *Vatikan*- und den *Griechenland*-Entwürfen – ein äußerster Punkt der dichterischen Ausdrucksmöglichkeiten in Hölderlins Spätwerk erreicht.

5. Poesie der Einsamkeit, Rückzug in fremde Namen und Zeiten: späteste Gedichte

Während der knapp achtmonatigen Behandlung 1806/07 im Tübinger Klinikum wird Hölderlin systematisch am Schreiben gehindert; erst aus der Zeit seiner Pflege durch die Familie Zimmer sind wieder Texte von ihm überliefert, wenn auch über die Jahre verteilt sehr wenige. Sie sind von vollkommen anderer Art als seine Dichtungen bis 1806. Die ersten dieser Gedichte (*Was ist der Menschen Leben...* und *Was ist Gott...*) stammen vermutlich aus dem Jahr 1807, denn sie knüpfen noch deutlich in ihren Motiven und Bildern, aber auch in den freirhythmischen Versen an die Gedichte bis 1806 an, insbesondere an die wohl letzten vor dem Zusammenbruch entstandenen Gedichte *der Vatikan,...* und *Griechenland*. Ähnliches gilt für den drei-

5. Späteste Gedichte

11   Friedrich Hölderlin, 1842. Bleistiftzeichnung von Louise Keller, Marbach, Deutsches Literaturarchiv

12   Friedrich Hölderlin, vermutlich um 1840. Wachsrelief von Wilhelm Paul Neubert, Marbach, Deutsches Literaturarchiv

teiligen, weitaus längeren Text mit dem Beginn *In lieblicher Bläue ...*, der uns nur in einer Prosafassung überliefert ist, die Wilhelm Waiblinger (1804–1830), ein Bewunderer Hölderlins, in seinen Roman *Phaeton* (1823) aufgenommen hat.

In einer anderen Gruppe von Texten, wohl aus den Jahren 1808–1810, greift Hölderlin in einem Nachklang des *Hyperion* mit ein paar Prosafragmenten auf die Form des Briefromans zurück. Waiblinger zitiert daraus in seiner abrissartigen ersten Biographie des Dichters (*Friedrich Hölderlins Leben, Dichtung und Wahnsinn*, postum 1831) den Satz: «Nun versteh' ich den Menschen erst, da ich ferne von ihm und in der Einsamkeit lebe!» (DKV 3, 722) Aus dieser Zeit stammen auch einige alkäische Oden, die zwar im Vokabular an Hölderlins frühere Odenproduktion erinnern, aber keine poetische Spannkraft mehr entwickeln.

Ab etwa 1811 schreibt Hölderlin nur noch gereimte Gedichte, überwiegend in vierversigen, liedartigen Strophen. Sie entwickeln in ihrem eng begrenzten Kreis der Ausdrucksweisen und Themen – die Jahreszeiten, das Leben und der Mensch allgemein – wieder neue poetische Qualitäten. Darunter sind Gedichte, aus denen niederschmetternde Depression spricht, wie das folgende aus dem Jahr 1811:

> Das Angenehme dieser Welt hab ich genossen,
> Die Jugendstunden sind, wie lang! wie lang! verflossen,
> April und Mai und Julius sind ferne,
> Ich bin *nichts* mehr, ich lebe nicht mehr gerne.
>
> (MA 1, 919)

In anderen dagegen wird mit den gleichen poetischen Mitteln ein Zustand der Ruhe und Ausgeglichenheit zur Sprache gebracht, so in diesem Gedicht von 1812:

> Die Linien des Lebens sind verschieden
> Wie Wege sind, und wie der Berge Gränzen.
> Was hier wir sind, kann dort ein Gott ergänzen
> Mit Harmonien und ewigem Lohn und Frieden
>
> (MA 1, 922)

Ab 1841 unterzeichnet Hölderlin seine Gedichte mit dem von ihm erfundenen Pseudonym «Scardanelli», meist mit dem Zusatz «Mit Unterthänigkeit». Wenig später kommen falsche Datierungen hinzu, die sich innerhalb von Hölderlins Lebenszeit bewegen können («d. 24. Mai 1778»; MA 1, 927), aber auch in die Zeit davor ausgreifen («d. 15ten Nov. 1759»; MA 1, 928). Schließlich werden Jahrhunderte vorwärts und rückwärts übersprungen, ohne dass ein Bezug der jeweiligen Jahreszahl zum Gedichtinhalt feststellbar wäre («d. 9ten Merz 1940»; MA 1, 930 – «d. 3ten März 1648»; MA 1, 935). Hölderlin sucht mit diesen letzten Gedichten, wie auch die Augenzeugenberichte belegen, die Flucht aus der Zeit und aus der ihm zugeschriebenen personalen Identität.

XI. Vergessen und Entdecken: Rezeptions- und Editionsgeschichte

Hölderlin wird in den 36 Jahren, die er im Tübinger Turm zubringt, nicht vergessen, sondern eigentlich als Autor erst entdeckt. Wichtig sind dafür – neben den Nachrichten über das düstere Schicksal des Dichters – die Gedichtveröffentlichungen in Seckendorfs *Musenalmanachen* für 1807 (*Die Herbstfeier* [2. Fassung von *Stutgard*], *Die Wanderung*, *Die Nacht*) und 1808 (*Patmos*, *Der Rhein*, *Andenken*). Diese Publikationen geben trotz starker Eingriffe des Herausgebers (vgl. dessen Brief an Justinus Kerner vom 7.2.1807; MA 3, 645) erstmals einen Einblick in das elegische und hymnische Spätwerk. Kerner (1786–1862) ist als Medizinstudent an Hölderlins Behandlung im Tübinger Klinikum beteiligt und fühlt sich dem gebrochenen Dichter auch danach für viele Jahre verbunden. 1808 besucht Karl August Varnhagen von Ense (1785–1858), der den *Hyperion* bewundert, Hölderlin im Turm. Achim von Arnim, Bettine von Arnim und Clemens Brentano äußern sich in den Jahren 1808–1816 euphorisch über Hölderlins Werke (s. Kap. VII, S. 69); Rührung über den ‹wahnsinnigen Dichter› äußert 1812/13 Friedrich de la Motte Fouqué (1777–1843) in Briefen an andere romantische Autoren wie Kerner und Uhland. Neben Waiblinger (s. Kap. X.5, S. 126 f.) besucht auch Eduard Mörike in den 1820er Jahren häufig den kranken Hölderlin; später wird er mehrfach als Experte herangezogen, der die Echtheit von Hölderlins Handschriften beglaubigen soll.

Schon 1820 regt der preußische Leutnant Heinrich Diest (1791–1824) eine erste Sammlung von Hölderlins Gedichten an; sie erscheint nach langen Vorarbeiten 1826 (in zweiter Auflage 1843), herausgegeben von den schwäbischen Dichtern Ludwig Uhland (1787–1862) und Gustav Schwab (1792–1850). Die erste Werkausgabe erscheint erst 1846, drei Jahre nach Hölderlins Tod, herausgegeben von Schwabs Sohn Christoph Theodor Schwab (1821–1883).

Mit einem Wort: Die Entdeckung Hölderlins als eines wichtigen Dichters seiner Zeit ist ein Verdienst der Romantik, insbesondere der schwäbischen Spätromantik. Das war Segen und Fluch zugleich: Hölderlins Werk wird vor dem Vergessen bewahrt, aber es wird im 19. Jahrhundert mehr oder weniger als ein Zweig der ‹romantischen Schule› wahrgenommen. Dabei erreicht es, insbesondere in *Meyer's Groschen-Bibliothek* (ab 1854) und in *Reclams Universal-Bibliothek* (ab 1874) fünfstellige Auflagenhöhen (vgl. Volke u. a. 1993). Eine editorisch eigenständige, zweibändige Ausgabe erscheint erst wieder 1896: *Hölderlins gesammelte Dichtungen*, herausgegeben von Berthold Litzmann.

Einflussreiche Autoren des 19. Jahrhunderts tragen dazu bei, Hölderlins Werk im Gedächtnis zu halten. Dabei kommt dem Philologen und Philosophen Friedrich Nietzsche (1844–1900) eine Schlüsselposition zu, der schon in einem Schulaufsatz 1861 Hölderlin als «meinen Lieblingsdichter» behandelt und 1871 eine eigene Empedokles-*Tragödie* plant, stattdessen aber die Abhandlung *Die Geburt der Tragödie aus dem Geiste der Musik* (1872) vorlegt; die darin entwickelte Konzeption des Dionysischen und Apollinischen ist unverkennbar auch durch Hölderlin angeregt, den Nietzsche in den *Unzeitgemässen Betrachtungen* (1873–1876) mehrfach erwähnt; in der ersten dieser Streitschriften nennt er ihn den «herrlichen Hölderlin». Eine zentrale Funktion hat Hölderlins Ode *An die Parzen* in Theodor Fontanes (1819–1898) erstem Roman *Vor dem Sturm* (1878). Das Hölderlin-Bild um 1900 wird maßgeblich durch den Philosophen Wilhelm Dilthey (1833–1911) geprägt, der schon 1867 den Aufsatz *Hölderlin und die Ursachen seines Wahnsinns* vorgelegt hat und 1906 eine große Porträtstudie zu Hölderlin als vierten Teil seines Buches *Das Erlebnis und die Dichtung* publiziert. Damit kanonisiert er Hölderlin als einen der klassischen deutschen Autoren neben Lessing, Goethe und Novalis, denen die anderen drei Studien gewidmet sind.

Die Hölderlin-Rezeption nach 1900 erhält durch den Kreis

um Stefan George (1868–1933) entscheidende Anregungen (vgl. Bothe 1992). Norbert von Hellingrath (1888–1916) erschließt nicht nur mit seiner Dissertation die *Pindarübertragungen von Hölderlin* (1911), sondern entdeckt in den Archiven auch zahlreiche bislang unpublizierte späte Gedichte Hölderlins. 1910 veröffentlichen George und Karl Wolfskehl (1869–1948) die Hymne *Wie wenn am Feiertage...* in der zweiten Auflage ihrer Anthologie *Das Jahrhundert Goethes*. 1913 legt Hellingrath die ersten beiden Bände seiner *Historisch-kritischen Ausgabe* der *Sämtlichen Werke* Hölderlins vor (sechs Bände erscheinen bis 1923). 1916, im Todesjahr des Herausgebers, folgt der vierte Band, der die *Gedichte 1800–1806* und damit – so Hellingrath in der Vorrede – «Herz, Kern und Gipfel des Hölderlinischen Werkes, das eigentliche Vermächtnis», enthält. Hellingrath grenzt sich damit gegen den Philologen Franz Zinkernagel (1878–1935) ab, der ab 1914 ebenfalls eine *Kritisch-historische Ausgabe* der *Sämtlichen Werke und Briefe* publiziert (bis 1926 erscheinen fünf Text-, aber keine Apparatbände), für den jedoch das Spätwerk bereits den geistigen Verfall Hölderlins dokumentiert.

Auch weiterhin bleibt die Hölderlin-Rezeption im 20. Jahrhundert durch die Konkurrenz der Editionen geprägt. Während Hellingrath die Vorläufigkeit seiner Ausgabe noch eingesteht, erhebt die 1943–1985 erscheinende *Große Stuttgarter Ausgabe* Friedrich Beißners (1905–1977) den Anspruch, Hölderlins Werk in gut lesbaren ‹Texten› und von diesen abgetrennten ‹Lesarten› ein für alle Mal gesichert zu haben. Problematisch ist aber bei aller philologischen Genauigkeit schon die Geschichte der Ausgabe, die als nationalsozialistisches Prestigeobjekt in einer späten Phase des Krieges begonnen wurde. Die 1975–2008 erschienene *Frankfurter Hölderlin Ausgabe* Dietrich Eberhard Sattlers protestiert gegen den monumentalen Anspruch der StA; sie dokumentiert alle Handschriften Hölderlins im Faksimile und in typographischen Umschriften und entwickelt daraus den rekonstruierten Weg der Textentstehung und die dabei entstandenen Texte.

Hölderlins Texte sind ebenso wie seine Gestalt und sein tragischer Lebenslauf auch in der Literatur, Kunst und Philosophie des 20. und 21. Jahrhunderts Ausgangspunkt immer wieder neuer produktiver Auseinandersetzungen (vgl. Oelmann 2008). Als Beispiele seien aus der deutschsprachigen Lyrik seit 1945 die Dichter und Dichterinnen Paul Celan, Ernst Meister, Peter Rühmkorf, Helga M. Novak und Friederike Mayröcker genannt, aus der internationalen Lyrik René Char, Michael Hamburger und Andrea Zanzotto (vgl. Gnüg 1993). Hölderlins Dramentexte werden auf der Bühne und im Film häufig gespielt, besonders die Sophokles-Übersetzungen (s. Kap. IX.2, S. 94). Ebenso wurden in den letzten Jahren einige wichtige Filme zu seinem Leben und Werk präsentiert (preisgekrönt etwa diejenigen von Harald Bergmann, 2000 und 2003). Über die Grenzen der Literatur hinaus haben Hölderlins Texte immer wieder zu Kompositionen angeregt. Auch bildende Künstler haben sich vielfach durch Hölderlin zu eigenen Werken anregen lassen. Hölderlin ist also im 21. Jahrhundert präsenter denn je, vermutlich gerade deshalb, weil er als unzeitgemäßer und schwieriger Autor gilt.

XII. In welchen Ausgaben können wir Hölderlin lesen?

Die von Michael Knaupp herausgegebene dreibändige *Münchner Ausgabe* ist die gegenwärtig empfehlenswerteste Studienausgabe der *Sämtlichen Werke und Briefe* Hölderlins, da sie die editorischen Fortschritte der FHA berücksichtigt, die originale Orthographie Hölderlins bewahrt und die Texte, insbesondere die Gedichte, weitgehend in ihren originalen Kontexten darbietet, also handschriftliche Zusammenhänge einschließlich der Abfolge der Texte in den Konvoluten möglichst erhält. Die von Jochen Schmidt herausgegebene, ebenfalls dreibändige Ausgabe der *Sämtlichen Werke und Briefe* im *Deutschen Klassiker Verlag* bietet orthographisch normierte Texte, die weitgehend (bis auf den *Empedokles*) den Textkonstitutionen der StA folgen.

13 Friedrich Hölderlin und
Georg Wilhelm Friedrich Hegel.
Grafik von D. E. Sattler, 1975.
Der Hölderlinkopf mit den Fliegen
wurde zur Werbung für die
Frankfurter Hölderlin Ausgabe
(Verlag Stroemfeld/Roter Stern)
verwendet.

Die Bände sind nach Werkgruppen (Gedichte; nichtlyrisches Werk und Übersetzungen; Briefe und Dokumente) gegliedert. Verdienstvoll ist der ausführliche Kommentar, der allerdings sehr unterschiedlich gewichtet ist. So werden manche Gedichte auf vielen Seiten kommentiert, andere, insbesondere die fragmentarischen, so gut wie gar nicht.

Zusätzlich zu einer dieser beiden Studienausgaben wird man in bestimmten Fällen auf die historisch-kritischen Ausgaben zurückgreifen müssen: Von der StA ist insbesondere der aus vier Teilbänden bestehende Band 7, herausgegeben von Adolf Beck, noch immer unüberholt, da er die zeitgenössischen Dokumente und Rezensionen zu Hölderlin in großer Ausführlichkeit und vorbildlich genauer Kommentierung darbietet. Will man die Textentstehung von Hölderlins Werken genauer nachvollziehen, ist man auf die FHA mit ihren Faksimiles und Umschriften aller Handschriften angewiesen. Sattlers *Bremer Ausgabe* (2004) beruht auf der FHA, bietet die Texte aber in problematischer chronologischer Anordnung dar.

Wer sich einen genauen Überblick verschaffen will, welche Gruppen von Gedichten Hölderlin in welchen Zeitschriften veröffentlichte und wie die Abfolge der Texte in allen Handschriftenkonvoluten ist, muss zu der deutsch-italienischen Ausgabe von Reitani (2001) greifen.

Liest man Hölderlins Texte in Einzelausgaben, so ist es empfehlenswert, vorher zu prüfen, ob der gebotene Text auf einer der kritischen oder historisch-kritischen Ausgaben beruht.

Literaturverzeichnis

HJb = Hölderlin-Jahrbuch

1. Editionen und Dokumente

Hölderlin, Friedrich: Sämtliche Werke. Große Stuttgarter Ausgabe. Hg. v. Friedrich Beißner [u. Adolf Beck]. 8 Bde. in 14 Bdn. Stuttgart 1943–1985 *[zitiert: StA]*
–: Sämtliche Werke. Frankfurter Hölderlin Ausgabe. Historisch-kritische Ausgabe. Hg. v. D.[ietrich] E.[berhard] Sattler [u. a.]. 20 Bde. u. 3 Supplemente. Basel; Frankfurt/M. 1975–2008 *[zitiert: FHA]*
–: Sämtliche Werke und Briefe. Hg. v. Jochen Schmidt. 3 Bde. [Deutscher Klassiker Verlag]. Frankfurt/M. 1992–1994 *[zitiert: DKV]*
–: Sämtliche Werke und Briefe. Hg. v. Michael Knaupp. 3 Bde. [Münchner Ausgabe]. München 1992/93 *[zitiert: MA]*
–: Sämtliche Werke, Briefe und Dokumente in zeitlicher Folge. Bremer Ausgabe. Hg. v. D. E. Sattler. 12 Bde. München 2004
–: Tutte le liriche. Übers., komm. und hg. v. Luigi Reitani. Mailand 2001
Schlesier, Gustav: Hölderlin-Aufzeichnungen. Hg. v. Hans-Gerhard Steimer. Weimar 2002
Wittkop, Gregor (Hg.): Hölderlin. Der Pflegsohn. Texte und Dokumente 1806–1843. Stuttgart; Weimar 1993

2. Bibliographie

Kohler, Maria: Internationale Hölderlin-Bibliographie. 1. Ausgabe 1804–1983. Stuttgart 1985
Sohnle, Werner Paul; Marianne Schütz: Internationale Hölderlin-Bibliographie. 1984–1996. 10 Bde. Stuttgart 1991–1998
Internationale Hölderlin-Bibliographie Online (1984 ff.):
http//www.statistik-bw.de/hoelderlin/

3. Einführungs- und Überblicksdarstellungen

Arnold, Heinz Ludwig, u. a. (Hg.): Friedrich Hölderlin. Text + Kritik Sonderband. München 1996
Beck, Adolf: Hölderlin. Chronik seines Lebens mit ausgewählten Bildnissen. Frankfurt/M. 1978
Bothe, Henning: Hölderlin zur Einführung. Hamburg 1994

Constantine, David: Friedrich Hölderlin. München 1992
Gaier, Ulrich: Hölderlin. Eine Einführung. Tübingen 1993
Gaier, Ulrich u. a.: Hölderlin. Texturen. Tübingen 1995 ff. [bisher erschienen: Bände 1.1, 2, 3, 4, 5.1]
Kreuzer, Johann (Hg.): Hölderlin-Handbuch. Leben – Werk – Wirkung. Stuttgart; Weimar 2002
Kurz, Gerhard (Hg.): Interpretationen. Gedichte von Friedrich Hölderlin. Stuttgart 1996
Kurz, Gerhard u. a. (Hg.): Hölderlin und die Moderne. Eine Bestandsaufnahme. Tübingen 1995
Martens, Gunter: Friedrich Hölderlin. Reinbek bei Hamburg 1996
Roberg, Thomas (Hg.): Friedrich Hölderlin. Neue Wege der Forschung. Darmstadt 2003
Wackwitz, Stephan: Friedrich Hölderlin [1985]. Bearb. v. Lioba Waleczek. Stuttgart; Weimar 1997

4. Andere Literatur

Adorno, Theodor W.: Parataxis. Zur späten Lyrik Hölderlins [1964]. In: ders.: Gesammelte Schriften. Bd. 11. Hg. v. Rolf Tiedemann. Frankfurt/M. 1997, S. 447–491
Bartel, Heike: Centaurengesänge. Friedrich Hölderlins Pindarfragmente. Würzburg 2000
Bay, Hansjörg (Hg.): *Hyperion* – terra incognita. Expeditionen in Hölderlins Roman. Wiesbaden 1998
Beck, Adolf: Hölderlins Weg zu Deutschland. Fragmente und Thesen. Stuttgart 1982
Behre, Maria: «Des dunkeln Lichtes voll». Hölderlins Mythokonzept Dionysos. München 1987
Beißner, Friedrich: Hölderlins Übersetzungen aus dem Griechischen [1933]. Stuttgart 1961
Benjamin, Walter: Zwei Gedichte von Friedrich Hölderlin. «Dichtermut» – «Blödigkeit» [entstanden 1914/15]. In: ders.: Gesammelte Schriften. Bd. II.1. Hg. v. Rolf Tiedemann; Hermann Schweppenhäuser. Frankfurt/M. 1977, S. 105–126
Bennholdt-Thomsen, Anke; Alfredo Guzzoni: Analecta Hölderliniana. 3 Bde. Würzburg 1999–2007
Bertaux, Pierre: Hölderlin und die Französische Revolution. Frankfurt/M. 1969
–: Friedrich Hölderlin. Frankfurt/M. 1978
Binder, Wolfgang: Hölderlins Odenstrophe [1952]. In: ders.: Hölderlin-Aufsätze. Frankfurt/M. 1970, S. 47–75
–: Hölderlins Verskunst [1982/83]. In: ders.: Friedrich Hölderlin. Studien. Hg. v. Elisabeth Binder; Klaus Weimar. Frankfurt/M. 1987, S. 82–109
–: Hölderlin und Sophokles. Turm-Vorträge 1992. Hg. v. Uvo Hölscher. Tübingen 1992

Birkenhauer, Theresia: Legende und Dichtung. Der Tod des Philosophen und Hölderlins Empedokles. Berlin 1996
–: Empedokles. In: Johann Kreuzer (Hg.): Hölderlin-Handbuch. Stuttgart; Weimar 2002, S. 198–223
Bollack, Jean: Empedokles. In: Hubert Cancik; Helmuth Schneider (Hg.): Der Neue Pauly. Enzyklopädie der Antike. Bd. 3. Stuttgart; Weimar 1997, Sp. 1011–1015
Böschenstein, Bernhard: Die Transfiguration Rousseaus in der deutschen Dichtung um 1800: Hölderlin – Jean Paul – Kleist [1966]. In: ders.: Studien zur Dichtung des Absoluten. Zürich 1968, S. 11–24
–: «Frucht des Gewitters». Hölderlins Dionysos als Gott der Revolution. Frankfurt/M. 1989
–: Von Morgen nach Abend. Filiationen der Dichtung von Hölderlin zu Celan. München 2006
Böschenstein-Schäfer, Renate: Hölderlins Gespräch mit Boehlendorff. In: HJb 14 (1965/66), S. 110–124
–: Die Sprache des Zeichens in Hölderlins hymnischen Fragmenten. In: HJb 19/20 (1975–77), S. 267–284
Bothe, Henning: «Ein Zeichen sind wir, deutungslos». Die Rezeption Hölderlins von ihren Anfängen bis zu Stefan George. Stuttgart 1992
Brauer, Ursula: Isaac von Sinclair. Eine Biographie. Stuttgart 1993
Burdorf, Dieter: Hölderlins späte Gedichtfragmente: «Unendlicher Deutung voll». Stuttgart; Weimar 1993
–: Wege durch die Textlandschaft. Zum Stand der Edition von Hölderlins später Lyrik. In: Wirkendes Wort 54 (2004), S. 171–190
– (Hg.): Edition und Interpretation moderner Lyrik seit Hölderlin. Berlin; New York 2010
Degner, Uta: Bilder im Wechsel der Töne. Hölderlins Elegien und «Nachtgesänge». Heidelberg 2008
Doering, Sabine: Aber was ist diß? Formen und Funktionen der Frage in Hölderlins dichterischem Werk. Göttingen 1992
Engel, Manfred: Der Roman der Goethezeit. Bd. 1. Anfänge in Klassik und Frühromantik: Transzendentale Geschichten. Stuttgart; Weimar 1993
Frank, Manfred: Der kommende Gott. Vorlesungen über die Neue Mythologie. I. Teil. Frankfurt/M. 1982
Frank, Manfred; Gerhard Kurz 1977: Ordo inversus. Zu einer Reflexionsfigur bei Novalis, Hölderlin, Kleist und Kafka. In: Herbert Anton u. a. (Hg.): Geist und Zeichen. Heidelberg 1977, S. 75–97
Franz, Michael: Hölderlins Logik. Zum Grundriß von ‹Seyn Urtheil Möglichkeit›. In: HJb 25 (1986/87), S. 93–124
–: «Platons frommer Garten». Hölderlins Platonlektüre von Tübingen bis Jena. In: HJb 28 (1992/93), S. 111–127
Fricker, Christophe; Bruno Pieger (Hg.): Friedrich Hölderlin. Zu seiner Dichtung. Castrum Peregrini 266/267. Amsterdam 2005
Friedrich, Jürg: Dichtung als «Gesang». Hölderlins «Wie wenn am Feier-

tage ...» im Kontext der Schriften zur Philosophie und Poetik 1795–1802. München 2007
Gaier, Ulrich: Der gesetzliche Kalkül. Hölderlins Dichtungslehre. Tübingen 1962
George, Emery E.: Hölderlin's «Ars Poetica». A Part-Rigorous Analysis of Information Structure in the Late Hymns. Den Haag; Paris 1973
–: Hölderlin's Hymn «Der Einzige». Sources, Language, Context, Form. Bonn 1992
Gnüg, Hiltrud (Hg.): An Hölderlin. Zeitgenössische Gedichte. Stuttgart 1993
Gockel, Heinz: Mythos und Poesie. Zum Mythosbegriff in Aufklärung und Frühromantik. Frankfurt/M. 1981
Grimm, Sieglinde: «Vollendung im Wechsel». Hölderlins *Verfahrungsweise des poetischen Geistes* als poetologische Antwort auf Fichtes Subjektphilosophie. Tübingen 1997
Hansen, Frank P.: «Das älteste Systemprogramm des deutschen Idealismus». Rezeptionsgeschichte und Interpretation. Berlin; New York 1989
Härtling, Peter; Gerhard Kurz (Hg.): Hölderlin und Nürtingen. Stuttgart; Weimar 1994
Hellingrath, Norbert von: Hölderlin-Vermächtnis [postum 1936]. Hg. v. Ludwig von Pigenot. München 1944
Henrich, Dieter: Hölderlin über Urteil und Sein. Eine Studie zur Entstehungsgeschichte des Idealismus. In: HJb 14 (1965/66), S. 73–96
–: Hegel und Hölderlin. In: ders.: Hegel im Kontext [1971]. Frankfurt/M. 1981, S. 9–40
–: Der Gang des Andenkens. Beobachtungen und Gedanken zu Hölderlins Gedicht. Stuttgart 1986
Hiller, Marion: «Harmonisch entgegengesetzt». Zur Darstellung und Darstellbarkeit in Hölderlins Poetik um 1800. Tübingen 2008
Hoffmann, Dierk O.; Harald Zils: Hölderlin-Editionen. In: Rüdiger Nutt-Kofoth; Bodo Plachta (Hg.): Editionen zu deutschsprachigen Autoren als Spiegel der Editionsgeschichte. Tübingen 2005, S. 199–245
Hölscher, Uvo: Empedokles und Hölderlin. Frankfurt/M. 1965
Honold, Alexander: Nach Olympia. Hölderlin und die Erfindung der Antike. Berlin 2002
–: Hölderlins Kalender. Astronomie und Revolution um 1800. Berlin 2005
–: Unter Brüdern. Zu Antizipation politischer Freundschaft in Hölderlins Frankreich-Briefen. In: Detlev Schöttker (Hg.): Adressat: Nachwelt. Briefkultur und Ruhmbildung. München 2008, S. 127–144
Hucke, Patrizia: Entgegengesetzte Wechselwirkungen. Hölderlins «Grund zum Empedokles». Würzburg 2006
Hühn, Helmut: Mnemosyne. Zeit und Erinnerung in Hölderlins Denken. Stuttgart; Weimar 1997
Jamme, Christoph; Anja Lemke (Hg.): «Es bleibet aber eine Spur/Doch eines Wortes». Zur späten Hymnik und Tragödientheorie Friedrich Hölderlins. München 2004
Jamme, Christoph; Helmut Schneider (Hg.): Mythologie der Vernunft. Hegels ‹ältestes Systemprogramm› des deutschen Idealismus. Frankfurt/M. 1984

Jamme, Christoph; Frank Völkel (Hg.): Hölderlin und der deutsche Idealismus. Dokumente und Kommentare zu Hölderlins philosophischer Entwicklung und den philosophisch-kulturellen Kontexten seiner Zeit. 4 Bde. Stuttgart-Bad Cannstatt 2003

Kasper, Monika: «Das Gesez von allen der König». Hölderlins Anmerkungen zum Oedipus und zur Antigonä. Würzburg 2000

Kaulen, Heinrich: Der unbestechliche Philologe. Zum Gedächtnis Norbert von Hellingraths (1888–1916). In: HJb 27 (1990/91), S. 182–209

Kociszky, Eva: Hölderlins Orient. Würzburg 2009

Kreuzer, Johann: Erinnerung. Zum Zusammenhang von Hölderlins theoretischen Fragmenten «Das untergehende Vaterland ...» und «Wenn der Dichter einmal des Geistes mächtig ist ...» Königstein/Ts. 1985

Kudszus, Winfried: Sprachverlust und Sinnwandel. Zur späten und spätesten Lyrik Hölderlins. Stuttgart 1969

Kurz, Gerhard: Mittelbarkeit und Vereinigung. Zum Verhältnis von Poesie, Reflexion und Revolution bei Hölderlin. Stuttgart 1975

–: Hölderlins poetische Sprache. In: HJb 23 (1982/83), S. 34–53

Lacoue-Labarthe, Philippe: Metaphrasis. Das Theater Hölderlins. Zwei Vorträge. Übers. v. Bernhard Nessler. o. O. o. J. [Freiburg / Br. 2001]

Laplanche, Jean: Hölderlin und die Suche nach dem Vater [frz. 1961]. Stuttgart-Bad Cannstatt 1975

Link, Jürgen: Hölderlin–Rousseau: Inventive Rückkehr [frz. 1995]. Wiesbaden 1999

Lönker, Fred: Welt in der Welt. Eine Untersuchung zu Hölderlins «Verfahrungsweise des poetischen Geistes». Göttingen 1989

Mackrodt, Cori: Aufbrechende Schrift. Textgenetische Lektüren von Friedrich Hölderlins «Der Einzige». Würzburg 2007

Martens, Gunter: Hölderlin-Rezeption in der Nachfolge Nietzsches – Stationen der Aneignung eines Dichters. In: HJb 23 (1982/83), S. 54–78

–: Über Handschriften gebeugt. Ein Versuch, Hölderlins ‹Mnemosyne› zu fassen. In: Bodo Plachta (Hg.): Literatur als Erinnerung. Tübingen 2004, S. 165–192

Menninghaus, Winfried: Hälfte des Lebens. Versuch über Hölderlins Poetik. Frankfurt/M. 2005

Minder, Robert: ‹Hölderlin unter den Deutschen› und andere Aufsätze zur deutschen Literatur. Frankfurt/M. 1968

Mögel, Ernst: Natur als Revolution. Hölderlins Empedokles-Tragödie. Stuttgart; Weimar 1994

Mottel, Helmut: «Apoll envers terre». Hölderlins mythopoetische Weltentwürfe. Würzburg 1998

Nägele, Rainer: Text, Geschichte und Subjektivität in Hölderlins Dichtung – «Uneßbarer Schrift gleich». Stuttgart 1985

Oelmann, Ute (Hg.): Hölderlin – Entdeckungen. Studien zur Rezeption. Stuttgart 2008

Oestersandfort, Christian: Immanente Poetik und poetische Diätetik in Hölderlins Turmdichtung. Tübingen 2006

Polledri, Elena: «... immer bestehet ein Maas». Der Begriff des Maßes in Hölderlins Werk. Würzburg 2002
Port, Ulrich: «Die Schönheit der Natur erbeuten». Problemgeschichtliche Untersuchungen zum ästhetischen Modell von Hölderlins «Hyperion». Würzburg 1996
Raabe, Paul: Die Briefe Hölderlins. Studien zur Entwicklung und Persönlichkeit des Dichters. Stuttgart 1963
Reitani, Luigi: Hölderlins «Nänie». «Menons Klagen um Diotima» als ästhetische Replik auf Schiller. Udine 2003
Reuß, Roland: «.../ Die eigene Rede des andern». Hölderlins ‹Andenken› und ‹Mnemosyne›. Frankfurt/M. 1990
Ryan, Lawrence: Hölderlins Lehre vom Wechsel der Töne. Stuttgart 1960
Sattler, D. E.: Friedrich Hölderlin. 144 fliegende Briefe. Darmstadt 1981
Schäfer, Hans Dieter: Hyperions Griechenland. In: Gerhard Hahn; Ernst Weber (Hg.): Zwischen den Wissenschaften. Beiträge zur deutschen Literaturgeschichte. Regensburg 1994, S. 273–291
Schmidt, Jochen: Die Geschichte des Genie-Gedankens in der deutschen Literatur, Philosophie und Politik 1750–1945. Bd. 1. Darmstadt 1985
Schuster, Jörg: Poetologie der Distanz. Die ‹klassische› deutsche Elegie 1750–1800. Freiburg/Br. 2002
Schwarz, Herta: Vom Strom der Sprache. Schreibart und «Tonart» in Hölderlins Donau-Hymnen. Stuttgart; Weimar 1994
Seifert, Albrecht: Untersuchungen zu Hölderlins Pindar-Rezeption. München 1982
Stiening, Gideon: Epistolare Subjektivität. Das Erzählsystem in Friedrich Hölderlins Briefroman «Hyperion oder der Eremit in Griechenland». Tübingen 2005
Stierle, Karlheinz: Die Identität des Gedichts – Hölderlin als Paradigma. In: Odo Marquard; Karlheinz Stierle (Hg.): Identität (= Poetik und Hermeneutik VIII). München 1979, S. 505–552
–: Dichtung und Auftrag. Hölderlins Patmos-Hymne. In: HJb 22 (1980/81), S. 47–68
–: Die Friedensfeier. Sprache und Fest im revolutionären und nachrevolutionären Frankreich und bei Hölderlin. In: Walter Haug; Rainer Warning (Hg.): Das Fest (= Poetik und Hermeneutik XIV). München 1989, S. 481–525
Stoermer, Fabian: Hermeneutik und Dekonstruktion der Erinnerung. Über Gadamer, Derrida und Hölderlin. München 2002
Strauß, Ludwig: Arbeiten zu Leben und Werk Friedrich Hölderlins. In: ders.: Gesammelte Werke. Bd. 2. Hg. v. Tuvia Rübner. Göttingen 1998, S. 93–277
Peter Szondi: Hölderlin-Studien. Mit einem Traktat über philologische Erkenntnis. Frankfurt/M. 1967
–: Interpretationsprobleme. Hölderlin: Feiertagshymne, *Friedensfeier*. In: ders.: Einführung in die literarische Hermeneutik. Hg. v. Jean Bollack; Helen Stierlin. Frankfurt/M. 1975, S. 193–402

Turk, Horst; Klaus Nickau; Fred Lönker: Hölderlins Sophoklesübersetzung. In: HJb 26 (1988/89), S. 248–303
Vöhler, Martin: «Danken möcht' ich, aber wofür?» Zur Tradition und Komposition von Hölderlins Hymnik. München 1997
–: Exploration statt Inspiration. Hölderlins Bestimmung des Dichterberufs in der *Feiertagshymne*. In: Zeitschrift für Ästhetik und Allgemeine Kunstwissenschaft 51 (2006), S. 75–91
Volke, Werner; Bruno Pieger; Nils Kahlefendt; Dieter Burdorf: Hölderlin entdecken. Lesarten 1826–1993. Tübingen 1993
Waleczek, Lioba: «Doch Vergangenes ist, wie Künftiges, heilig…» Zur Editionsproblematik der Stuttgarter und Frankfurter Hölderlin-Ausgabe und ihrer Rezeption. Baden-Baden 1994

Bildnachweis

Berlin, akg-images: 8
Frankfurt am Main, Stroemfeld Verlag/D. E. Sattler: 13 (Foto: Stroemfeld)
Marbach, Deutsches Literaturarchiv: 2, 3, 11, 12
Stuttgart, Württembergische Landesbibliothek, Hölderlin-Archiv: 1 (Cod. poet et phil. fol. 63,V,b,3), 5 (Cod.hist.oct.280, Bl.29r), 6 (Cod. poet et phil. fol. 63,V,b,4)
Zitiert nach: Adolf Beck (Hg.): Hölderlin. Chronik seines Lebens mit zeitgenössischen Abbildungen, Frankfurt/M. 1975, S. 161: 7
Zitiert nach: Adolf Beck; Paul Raabe (Hg.): Hölderlin. Eine Chronik in Text und Bild, Frankfurt/M. 1970 (= Schriften der Hölderlin-Gesellschaft 6/7), S. 323, 219: 4 (Frankfurt am Main, Goethe-Museum), 9
Zitiert nach: Friedrich Hölderlin: Sämtliche Werke. Frankfurter Hölderlin Ausgabe. Historisch-kritische Ausgabe. Supplement III. Hg. v. D. E. Sattler; Emery George. Basel; Frankfurt/M. 1986: 10

Personenregister

Abeken, Bernhard Rudolf 93
Adorno, Theodor W. 45
Aischylos 51
Alkaios 98–102, 104, 107, 127
Anna Amalia, Herzogin von Sachsen-Weimar-Eisenach 20
Arnim, Achim von 129
Arnim, Bettine von 129
Arouet, François-Marie: s. Voltaire
Asklepiades 98–101, 103, 107
Auguste, Prinzessin von Hessen-Homburg 92
Autenrieth, Johann Heinrich Ferdinand 28
Beck, Adolf 133
Beißner, Friedrich 58, 131
Bengel, Johann Albrecht 14 f.
Benjamin, Walter 107
Bergmann, Harald 132
Binder, Wolfgang 100
Birkenhauer, Theresia 90
Böhlendorff, Casimir Ulrich 33–38, 62, 65 f.
Böhm, Wilhelm 48
Bollack, Jean 89
Bonaparte, Napoleon: s. Napoleon I.
Böschenstein, Bernhard 93, 104, 111
Bothe, Henning 131
Brauer, Ursula 22
Brecht, Bertolt 94
Brentano, Clemens 69, 129
Breunlin, Christoph 12, 15
Breunlin, Fritz 94
Breunlin, Maria Eleonora Heinrike, geb. Hölderlin 12, 15, 26, 30
Carl August, Herzog von Sachsen-Weimar-Eisenach 20
Celan, Paul 132
Chandler, Richard 74

Char, René 132
Choiseul-Gouffier, Marie-Gabriel-Florent-Auguste de 74, 76
Conz, Karl Philipp 106
Cotta, Johann Friedrich 74, 76
Daguerre, Louis 7
Defoe, Daniel 71
Diest, Heinrich 129
Dilthey, Wilhelm 130
Diogenes Laërtios 82
Ebel, Johann Gottfried 23, 30, 32 f.
Empedokles von Agrigent 6, 25, 32, 40, 59 f., 81–91, 94, 99, 130, 132
Engel, Manfred 79 f.
Euripides 51
Fichte, Johann Gottlieb 21, 41, 49, 52, 54, 58 f.
Fontane, Theodor 130
Forster, Georg 65
Fouqué, Friedrich de la Motte 129
Franz II., deutsch-österreichischer Kaiser 19 f.
Friedrich V., Landgraf von Hessen-Homburg 20, 28, 123
Friedrich, Herzog, später Kurfürst und König von Württemberg 28
Gellert, Christian Fürchtegott 29, 71
George, Stefan 131
Gerning, Johann Isaak von 118
Gnüg, Hiltrud 132
Goethe, Johann Wolfgang 6, 8, 19–22, 25, 30, 35, 43, 52, 71, 80 f., 88–90, 93, 109 f., 130 f.
Gok, Johann Heinrich 15
Gok, Johanna Christiana, geb. Heyn, verwitwete Hölderlin 9, 14 f., 23, 27–30, 38, 95
Gok, Karl Christoph Friedrich 15, 25, 30 f., 45, 81

Personenregister

Gontard, Henri 23 f.
Gontard, Jakob Friedrich 20, 23 f., 32, 76
Gontard, Susette, geb. Borkenstein 20, 23–25, 27 f., 30, 32 f., 37, 76, 80 f., 97
Gonzenbach, Anton von 25 f.
Gottsched, Johann Christoph 29
Gottsched, Luise Adelgunde Victorie 29
Grüber, Klaus Michael 90
Hamburger, Michael 132
Hansen, Frank P. 48
Hardenberg, Friedrich von: s. Novalis
Hauff, Johann Albrecht 11, 31
Hegel, Georg Wilhelm Friedrich 14, 18–21, 28, 30, 32 f., 39, 41, 47–50, 52 f., 58 f., 75, 133
Heinse, Johann Jacob Wilhelm 71, 111, 113
Hellingrath, Norbert von 131
Henrich, Dieter 42, 48, 58
Herder, Johann Gottfried 20 f., 47, 49, 54, 98, 108
Hesiod 47, 51
Heyn, Johann Andreas 14 f.
Heyn, Johanna Rosina, geb. Sutor 15, 110
Hiemer, Franz Karl 12 f.
Hiller, Christian Friedrich 10, 17
Hölderlin, Heinrich Friedrich 14 f.
Hölderlin, Heinrike: s. Breunlin, Maria Eleonora Heinrike
Homer 51, 56, 65, 92, 109, 116, 121, 125
Horaz 40, 82, 96–98, 108
Huillet, Danièle 90
Humboldt, Alexander von 64
Iselin, Jakob Christoff 42
Jamme, Christoph 48
Johannes, Verfasser der «Offenbarung» 15, 123
Kalb, Charlotte von, geb. Marschalk von Ostheim 20
Kalb, Fritz von 20

Kant, Immanuel 16, 33, 49, 58 f., 63, 72, 80
Karl Eugen, Herzog von Württemberg 17
Keller, Louise 9, 127
Kerner, Justinus 129
Kirms, Wilhelmine 24
Kleist, Heinrich von 38
Klopstock, Friedrich Gottlieb 18, 56, 96 f., 99, 108, 110, 116, 123
Knaupp, Michael 7, 132
Knebel, Karl Ludwig von 118
Kolumbus (Kolomb), Christoph 65 f.
Kosegarten, Ludwig Theobul 96
Köstlin, Nathanael 16, 46
Landauer, Georg Christian 25 f., 28, 30, 39
Laplanche, Jean 15
La Roche, Sophie von 71
Lavater, Johann Caspar 11
Lebret, Elise 24
Lessing, Gotthold Ephraim 63, 130
Link, Jürgen 104
Litzmann, Berthold 130
Lohbauer, Rudolf 8, 13
Lucan 65
Lukrez 82
Magenau, Rudolf 18, 23
Matthisson, Friedrich von 95 f.
Mayröcker, Friederike 132
Meister, Ernst 132
Mendelssohn, Moses 82
Menninghaus, Winfried 45
Meyer, Daniel Christoph 27
Mörike, Eduard 8 f., 129
Moritz, Karl Philipp 71
Müller, Heiner 94
Napoleon I., französischer Kaiser (eigentlich Napoleon Bonaparte) 19, 26 f., 32, 52
Nast, Immanuel Gottlieb 10
Nast, Louise 23 f., 30
Neubert, Wilhelm Paul 9, 127
Neuffer, Christian Ludwig 11, 18, 22–25, 30–32, 38, 71, 73, 81, 86, 95, 97

Niethammer, Immanuel 17 f., 21, 27, 30, 32, 53
Nietzsche, Friedrich 88, 130
Novak, Helga M. 132
Novalis (eigentlich Friedrich von Hardenberg) 21, 64, 75, 80, 105, 130
Oelmann, Ute 132
Oetinger, Friedrich Christoph 14 f.
Ohnmacht, Landolin 80
Pausanias 83–87, 89
Pindar 40, 65, 98, 116–118, 121, 131
Platon 49, 72, 75, 77
Plutarch 47
Poe, Edgar Allan 7
Pöggeler, Otto 48
Raabe, Paul 30 f.
Reichard, Heinrich August Ottokar 76
Reitani, Luigi 134
Richardson, Samuel 30, 71
Rosenzweig, Franz 48
Rousseau, Jean-Jacques 30, 71, 104, 122
Rühmkorf, Peter 132
Runge, Philipp Otto 69
Salomon 47
Sappho 65, 98 f., 106
Sattler, Dietrich Eberhard 13, 131, 133
Schelling, Friedrich Wilhelm Joseph 7, 18, 21, 23, 27 f., 30, 32, 41, 47–49, 52 f., 75
Schiller, Friedrich 12, 15, 20–23, 25, 27, 30, 35, 40 f., 53, 56, 72, 74 f., 86, 90, 93, 95, 97, 108–110, 114, 116
Schlegel, August Wilhelm 21, 35, 48, 52, 55, 60, 95
Schlegel, Friedrich 21, 35, 48, 52, 69, 80
Schleiermacher, Friedrich Daniel Ernst 26, 54
Schlesier, Gustav 30
Schmid, Siegfried 111
Schmidt, Jochen 7, 132
Schneider, Helmut 48
Schnurrer, Christian Friedrich 47
Schreiner, Johann Georg 8, 13
Schubart, Christian Friedrich Daniel 18
Schwab, Christoph Theodor 130
Schwab, Gustav 129 f.
Seckendorf, Leo von 62, 69, 92, 123, 129
Shakespeare, William 86, 90
Sinclair, Isaak von 20, 22, 25, 28 f., 111, 121–123
Sokrates 77, 81 f.
Sophokles 6, 40, 42, 51, 62 f., 65 f., 90 f., 93 f., 105, 115, 117, 132
Stäudlin, Gotthold Friedrich 18, 20
Stäudlin, Rosine 22
Steckel, Frank-Patrick 90
Steinkopf, Johann Friedrich 31 f., 73
Sterne, Lawrence 71
Straub, Jean-Marie 90
Strauß, Ludwig 48
Szondi, Peter 90
Tieck, Ludwig 69
Tischbein, Johann Heinrich Wilhelm 8
Uhland, Ludwig 129
Varnhagen von Ense, Karl August 129
Vermehren, Bernhard 110
Vöhler, Martin 97
Volke, Werner 130
Voltaire (eigentlich François-Marie Arouet) 71, 77
Voß, Heinrich 92 f.
Voß, Johann Heinrich 92
Waiblinger, Wilhelm 127, 129
Wieland, Christoph Martin 20, 71
Wilmans, Friedrich 31, 44, 62, 91–93, 105, 110, 123
Winckelmann, Johann Joachim 34 f., 37
Wolfskehl, Karl 131
Xenophanes 75
Young, Edward 105
Zanzotto, Andrea 132
Zimmer, Christiane Dorothea 29, 126
Zimmer, Ernst 28 f., 126
Zinkernagel, Franz 131